D1688154

Extravagant

Extravagant

Die Kunst, ungewöhnlich zu wohnen

Claude Berthod
Fotos von Roland Beaufre

Gerstenberg

*Für den Mann, mit dem ich das Haus,
die Leidenschaften, das Leben teile.*
CLAUDE BERTHOD

Für meine Nichten Eugénie und Blanche.
ROLAND BEAUFRE

Inhalt

6 **Vorwort**
Traumwelten

10 **Pierre Loti**
Das Lustschlösschen des Monsieur Loti

18 **Andrew Logan**
Farbenrausch in luftiger Höhe

22 **Die Lalannes**
Ein inspiriertes Haus

28 **Deyan Sudjic**
Die neue Sachlichkeit

32 **George Way**
Der Mann, der es liebt, Holz zu polieren

36 **Pierre & Gilles**
Die Kunst des Glücklichseins

42 **Piero Fornasetti**
Das Genie der Fantasie

46 **Paul Jones**
Der Stoff, aus dem die Träume sind

52 **Marc-André Hubin**
In Erinnerung an die 1980er Jahre

58 **Gilbert & George**
Das doppelte G

64 **Marco de Gueltzl**
Die Durchquerung der Transparenz

70 **Tom Dixon**
Kreative Wiederverwertung

74 **André Dubreuil**
Sammlerstücke

80 **Mark Brazier-Jones**
Auf den Schwingen des Design

84 **Vanessa Bell**
Vanessas Revanche

90 **Jean Oddes**
Ode an den Beton

96 **Janine Janet**
Das Museum der Melancholie

102 **Ravages**
Im Zeichen des Löwen

106 **Manolo Núñez**
Eine Philosophie in Stufen

114 **Minas**
Eine bewohnbare Skulptur

118 **Die Garoustes**
Eine geniale Verbindung

126 **Alvis Vega**
Lizenz zum Zerstören

134 **Roland Beaufre**
Am Boulevard Barbès

140 **Daniel Hourdé**
Wie im Theater

144 **Rosenborg**
Skandinavischer Barock

152 **Tobias Moss**
Ein Taxi namens Sehnsucht

156 **Alberto Pinto**
Einladung zum Fest

160 **Danksagung**

Vorwort

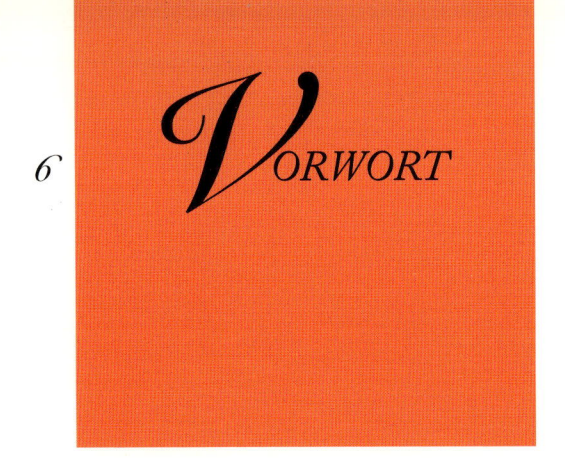

Traumwelten

Menschen, die extravagant sind, können freilich vorbelastet sein wie Fettleibige oder Glatzenträger. Tragisch ist das allerdings nicht, denn Extravaganz ist keine tödliche Erbkrankheit. Auch kein Geschenk des Himmels. Man kommt nicht extravagant auf die Welt, man wird es im Laufe seines Lebens, sei es als Reaktion auf Gleichförmigkeit oder Gewöhnlichkeit, sei es aus Lust an der Provokation, sei es aus beruflichen Gründen, dann nämlich, wenn man Gegenstände oder Ideen verkauft und seine Exklusivität nach bestimmten Gesichtspunkten einordnen muss, um die Gebote auf dem Markt des nie Dagewesenen in die Höhe zu treiben.

Extravaganz galt lange Zeit als typisch britisch, so wie geblümter Chintz, die Melone oder der Humor. Was daran lag, dass die Briten, wie die Lyrikerin, Romanautorin und Essayistin Dame Edith Sitwell bereits 1933 feststellte, zum einen von ihrer Unfehlbarkeit überzeugt sind und zum andern nichts auf die Meinung anderer geben. Ob sie nun exportiert wurde wie Gin und Tweed oder ob die Europäer Mut fassten, sich zu ihrem Nonkonformismus zu bekennen: Extravaganz ist jedenfalls längst keine spezifisch britische Eigenschaft mehr. Es ist schwierig geworden, auf der Straße mit ausgefallener Kleidung Aufsehen zu erregen oder seine Leserschaft durch die Aufzählung von Perversionen zu schockieren. Was bleibt, ist der Blick auf die Skurrilitäten innerhalb der eigenen vier Wände. Doch hier muss so manche Tradition entstaubt werden.

Nach Ansicht der Antiquitätenhändler ist Frankreich die größte Rumpelkammer der Welt. Hier findet man Möbel, Gemälde, Dekorationsgegenstände, einfach alles, was zur Nachbildung einer versunkenen Welt oder zur Verwirklichung selbst abstrusester Fantasien erforderlich ist. Die meisten Menschen, Dekorateure inbegriffen, nutzen diesen unerschöpflichen Bestand jedoch lediglich für mehr oder weniger getreue historische Rekonstruktionen, die

Dennis Severs hat sich in ein Haus im georgianischen Stil verliebt und bei der Restaurierung an zeitgenössische Gemälde gedacht. Bereits im Treppenhaus (rechts) *bietet sich ein prächtiger Anblick. Über dem Kamin eine Sammlung chinesischer Porzellangefäße* (S. 8).

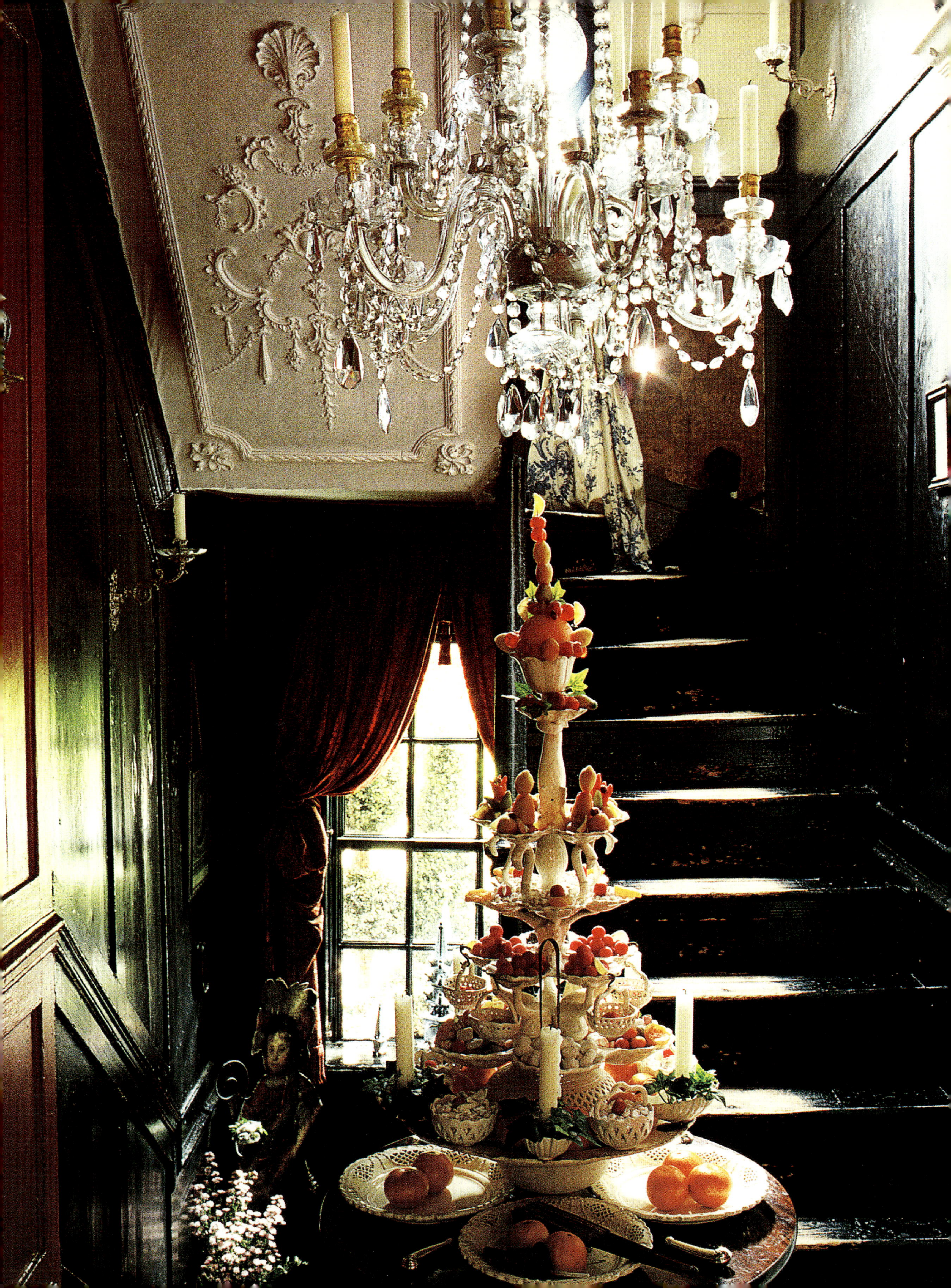

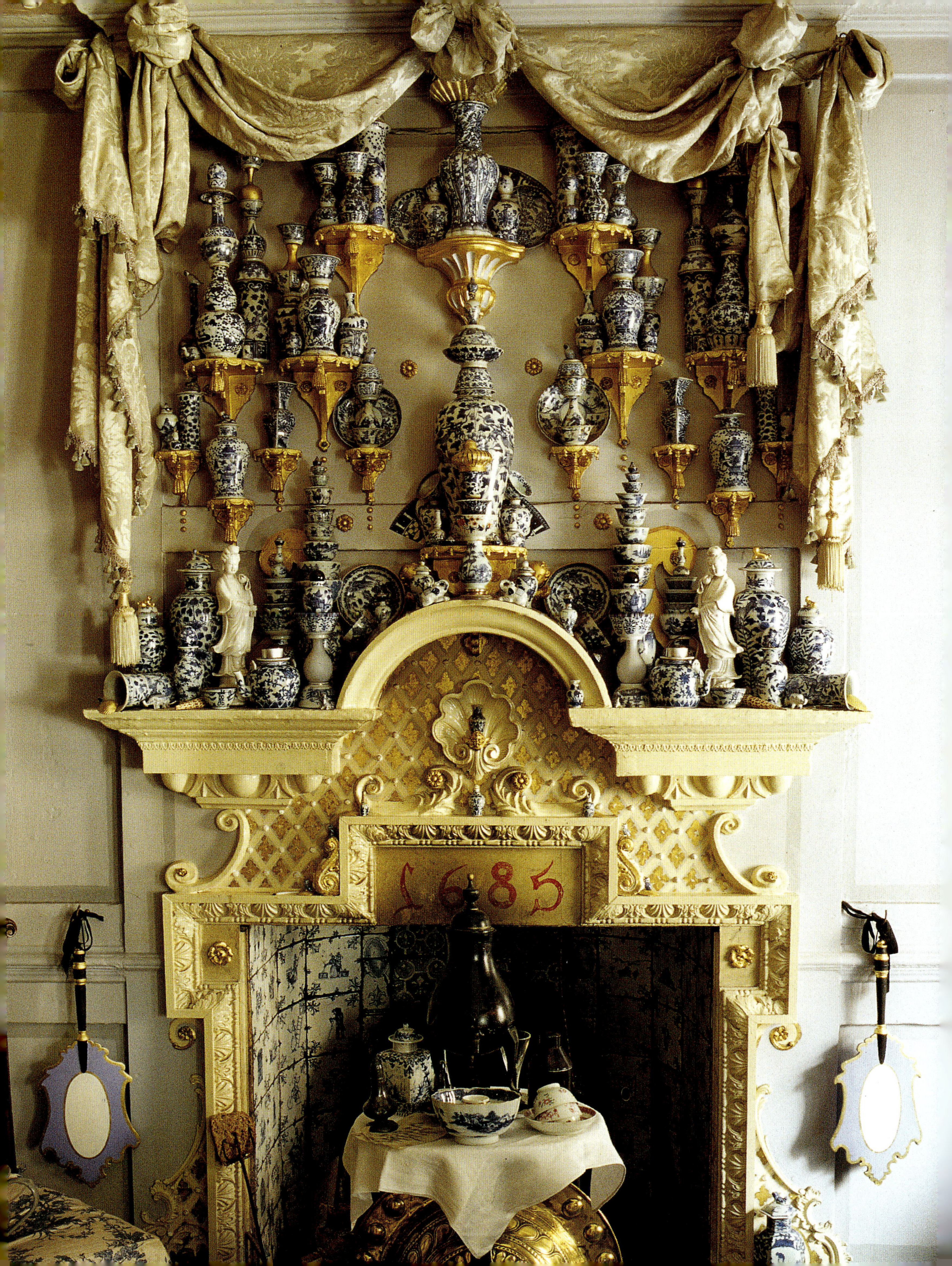
1685

keinerlei Überraschungen bereithalten. Extravaganz indes besteht in der Abweichung von der Norm, wie Montaigne bereits 1580 schrieb. Eine Grundregel, die König Ludwig II. von Bayern ebenso befolgte wie der Briefträger Cheval, dessen Geschichte Peter Weiss in seinem Text *Der große Traum des Briefträgers Cheval* erzählt hat. Ersteren brachte die Extravaganz um seine Schlösser, sein Vermögen, seine Krone und seinen Verstand, Letzteren um dreißig Jahre seines Lebens. Jahre, in denen er nichts anderes tat, als Steine zu sammeln, um einen jämmerlichen Palast damit zu errichten. Beide haben erreicht, wovon Dalí träumte: unvergesslich zu werden.

Die hier vorgestellten extravaganten Zeitgenossen verfolgen keine so hoch gesteckten Ziele. Ihnen geht es einzig und allein um eine andere Form von Wohnkultur, wobei ihre Wohnungen so unterschiedlich sind wie die jeweilige Persönlichkeit, die sich in ihnen spiegelt. Extravaganz ist kein Stil, sondern eine Lebensanschauung.

Bei Extravaganz denkt man oft an den Barock mit seiner verschwenderischen Fülle und seiner auf Wirkung bedachten Üppigkeit. Was Puristen als aufdringliche Zurschaustellung kritisieren, ist für den Psychologen eher Ausdruck von Schüchternheit: Man möchte sich gleichsam hinter den Dingen verstecken. Wer jedoch einen schützenden Kokon braucht, um sich entfalten zu können, und keine Angst vor Nippes, Stoffen und Kissen in Hülle und Fülle hat, der wird eine kahle Wohnung bar jeglicher der von Adolf Loos so verhassten Ornamente – der österreichische Architekt duldete ausschließlich Gebrauchsgegenstände – für unbewohnbar und extravagant halten. Andere wiederum empfinden jene zu Denkmälern der Stilrichtungen Louis-quinze, Napoléon III. oder Art déco erstarrten Häuser als unerträglich.

Fantasie, Freiheit und Vielfältigkeit kennzeichnen die extravaganten Interieurs in diesem Band. Gefunden haben wir sie nicht bei den Schwerreichen. Vorbei sind die Zeiten, in denen die Noailles', die Beisteguis, die Chanel oder die Schiaparelli nonchalant ihre Luxusdomizile präsentierten. Heute sind die Wohlhabenden vollauf damit beschäftigt, ihr Vermögen Gewinn bringend zu investieren, zu kaufen und zu verkaufen, zu fusionieren und zu sponsern, zu lizenzieren und zu transferieren. Deshalb engagieren sie einen in der Kunst der Vergangenheitsrekonstruktion versierten Profi und überlassen ihm die Einrichtung ihres Salons, wo sie aus Zeitmangel nie Gäste empfangen, ihres Schlafzimmers, wo sie nie schlafen, und ihrer Küche, die sie nie betreten werden.

Lassen wir also die mittlerweile eher glanzlosen Großindustriellen beiseite, desgleichen die hinter ihren Schätzen verschanzten Sammler, die Stars, die durch ihr Gezwitscher und Gefieder so viel Aufmerksamkeit erregen, dass sie ihr Nest verlassen müssen. Vergessen wir auch jene Wohnungen, in denen der mittel- und antriebslose Mieter nur das Nötigste macht, und die Häuser, die sich die Einrichtungsmagazine für ihre cleveren Ordnungssysteme und optimale Platzausnutzung zum Vorbild genommen haben. An wen können wir uns dann noch wenden? An die wahrhaft Kreativen: Designer, Architekten, Maler, Bildhauer und Stylisten. Vorausgesetzt, sie leben nicht aus dem Koffer, weil sie international gefragt sind. Vorausgesetzt auch, sie lassen einen Fotografen ins Haus: Für manche kommt das einer Entweihung gleich. Und, letzte Bedingung, es stört sie nicht, gemeinsam mit anderen in ein und demselben Buch vorgestellt zu werden: Jeder Einzelne darf von sich behaupten, einzigartig zu sein. Die hier Porträtierten waren so taktvoll, das zu vergessen. Aus diesen Begegnungen sind außergewöhnliche, gefühlvolle Streifzüge durch die Welt der Ästhetik entstanden. Die über hundert Abbildungen laden zum Verweilen ein, wollen Denkanstoß sein, aber auch Anregung, sich seine eigene, ganz persönliche Wohnkultur zu schaffen. Ohne Angst vor Bloßstellung, vor Fehlgriffen oder vor Widersprüchen.

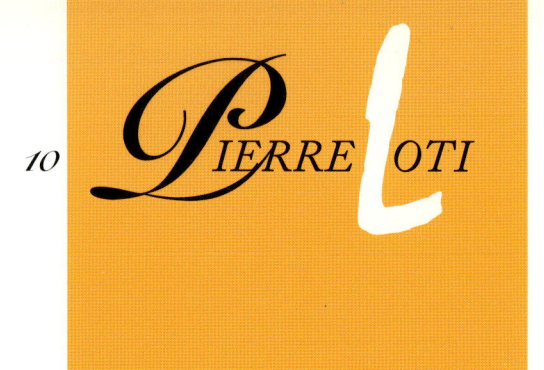

PIERRE LOTI
DAS LEBEN ALS EXOTISCHES LABYRINTH

Das Lustschlösschen des Monsieur Loti

Nach jeder Modenschau im Hause Dior wartet das Publikum gespannt darauf, in welcher Kostümierung Modeschöpfer John Galliano sich dieses Mal verabschieden wird. Als Boxer verkleidet? Als Marquis, Tangotänzer oder römischer Kaiser? So versnobt die Zuschauer, Einkäufer und Modejournalisten aus aller Welt auch sein mögen, einigen verschlägt es buchstäblich die Sprache. Was soll man davon halten? Dazu sagen? Darüber schreiben? Ist das genial? Lächerlich? Skandalös? Auf einmal kann man sich vorstellen, welche Reaktionen Pierre Loti vor hundert Jahren hervorgerufen haben muss, als er seine Gäste geschminkt und in immer neuen Verkleidungen empfing. Er hatte sein Haus in ein Theater samt Fundus verwandelt. Das Stück, das er darin aufführte, war sein eigenes Leben. Doch zunächst einmal hatte er ihm eine Richtung geben, sich sozusagen seine Rolle mit Bedacht aussuchen müssen.

Pierre Loti kam als Julien Viaud 1850 in Rochefort als drittes Kind bürgerlicher Eltern zur Welt. Das Haus, in dem er aufwuchs, gehörte seinem Großvater mütterlicherseits. Die kleine Stadt mit den unter Colbert gebauten schnurgeraden Straßen war auch tagsüber ziemlich verschlafen. Nur an den Kais der Charente mit ihren Kasernen, ihren Cafés und ihrer Werft herrschte rege Betriebsamkeit. Die Uferstraßen waren ein beliebtes Ziel für Spaziergänger und ein aufregender Ort für Jungen jeden Alters. Hier begegneten sie Kaufleuten, Reisenden und Forschern, deren Berichte die Fantasie jedes 15-Jährigen beflügelten.

Wie viele seiner Kameraden will auch Julien zur See fahren. Selbstverständlich wird er die Offizierslaufbahn einschlagen, um den Eltern eine Freude zu machen und seinem älteren Bruder Gustave, einem Flottenchirurg, in nichts nachzustehen.

Er geht fort, er kommt zurück, er baut auf, er reißt ab, er schreibt: Das Leben Julien Viauds, der 1867 in die Marineakademie aufgenommen wird, ist alles andere als ein langer,

Pierre Lotis Haus gleicht einem exotischen Labyrinth. Beeindruckend in ihrer überbordenden Pracht sind vor allem die mit Mosaiken verzierten sowie mit Teppichen, Kissen und Schemeln üppig eingerichteten Räume.

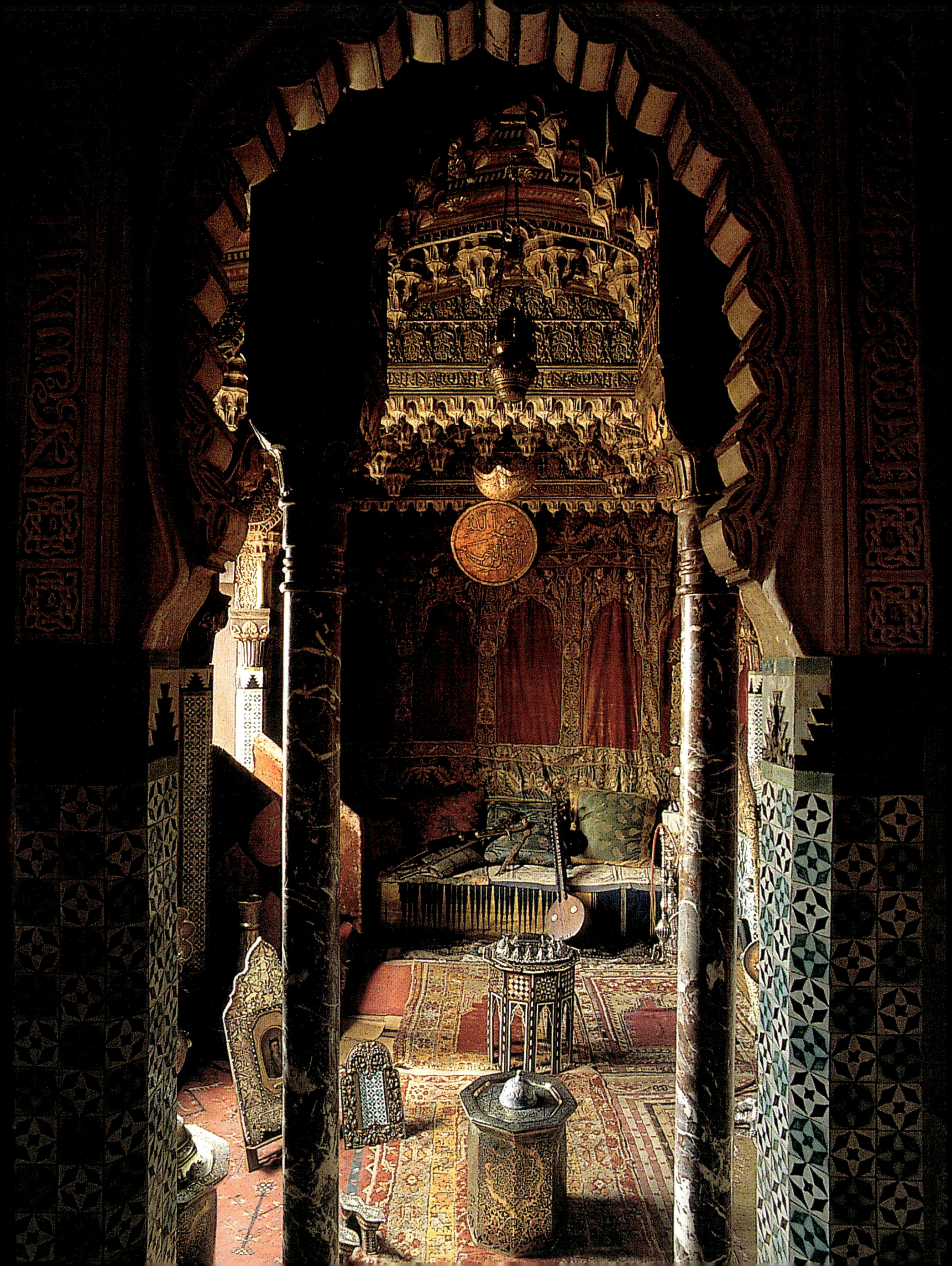

12 ExtraVagant

Die Moschee (rechts u. unten), das Prunkstück des Hauses, besteht aus mehreren, durch Säulengänge voneinander getrennte räumliche Ebenen.

Im »türkischen Salon« (folgende Doppelseite) *sind die kleinen Tische mit dem Kaffeeservice und einem Pfau aus Persien aus ziseliertem Kupfer und stammen aus Syrien.*

ruhiger Fluss. Es ist das Meer mit den Winden, den Wellen, den Stürmen und den Flauten, das Kurs und Rhythmus seines Lebens bestimmen wird. Sein Heimathafen bleibt das Haus in der Rue Saint-Pierre mit dem roten Salon, in dem die Familienporträts hängen, und mit der kleinen Sammlung von Muschelschalen und anderen Schätzen, die er als Kind zusammentrug.

Er spart den Sold, damit er seiner verschuldeten Mutter das Haus abkaufen kann. Hier wird er seine Erfolgsromane schreiben, basierend auf den Notizen, die er sich auf seinen Fahrten über die Weltmeere gemacht hat; eine Methode, die nicht ungewöhnlich für einen Schriftsteller ist. Im Gegensatz dazu ist die Tatsache, dass das erst um ein zweites und dann um ein drittes Gebäude erweiterte und verwandelte Haus das Meisterwerk eines Autors sein wird, der heute nicht mehr gelesen, sondern besichtigt wird. Als Julien Viaud 1923 starb, vermachte er seinem Sohn Samuel eine aus Erinnerungen, Entdeckungen, Leidenschaften und Obsessionen gestaltete dreidimensionale Autobiografie.

1871, das Jahr, in dem Julien zum Hausbesitzer avanciert, kehrt er von den Osterinseln und von Tahiti mit Gegenständen ozeanischer Volkskunst und einem Pseudonym in die Heimat zurück: Den Namen Loti hat er sich von einem seiner Charaktere entliehen. 1877, nach der Rückkehr von seiner ersten Istanbulreise, beginnt er mit der Einrichtung des »türkischen Salons«. Er lässt eine von der Ornamentik der Alhambra in Granada inspirierte Stuckdecke einziehen und Verzierungen aus maghrebinischen Fayencen anbringen. Die stilistische Authentizität kümmert ihn wenig. Atmosphäre will er schaffen, deshalb wählt er jedes Element ausschließlich nach seinem Gefühlswert und seiner evokativen Kraft aus.

Als der »türkische Salon« mit Teppichen, Wandbehängen und Kissen in allen Farben ausgestattet ist, dekoriert Loti nicht nur einen weiteren Raum, das »arabische Zimmer«, in jenem orientalischen Stil, der sich im 19. Jahrhundert großer Beliebtheit erfreute, aber selten eine solche Vollkommenheit erlangte, sondern richtet zudem eine Moschee mit einem Springbrunnen, mit Säulen, Marmormarketerien und Keramikfliesen ein. Ein Dekor wie aus Tausendundeiner Nacht, in dem das 1907 errichtete verspielte Minarett das Tüpfelchen auf dem i sein sollte.

Manch einer hätte sich mit diesem Unternehmen finanziell übernommen, aber *Aziyadeh*, *Der Spahi*, *Mon frère Yves* und *Madame Chrysanthème* bescheren ihrem Verfasser Einkünfte vergleichbar jenen unserer heutigen Bestsellerautoren. Und Loti schreibt unermüdlich. So groß wie sein Fleiß ist auch seine Faszination für die Ferne, die Fremde und seine

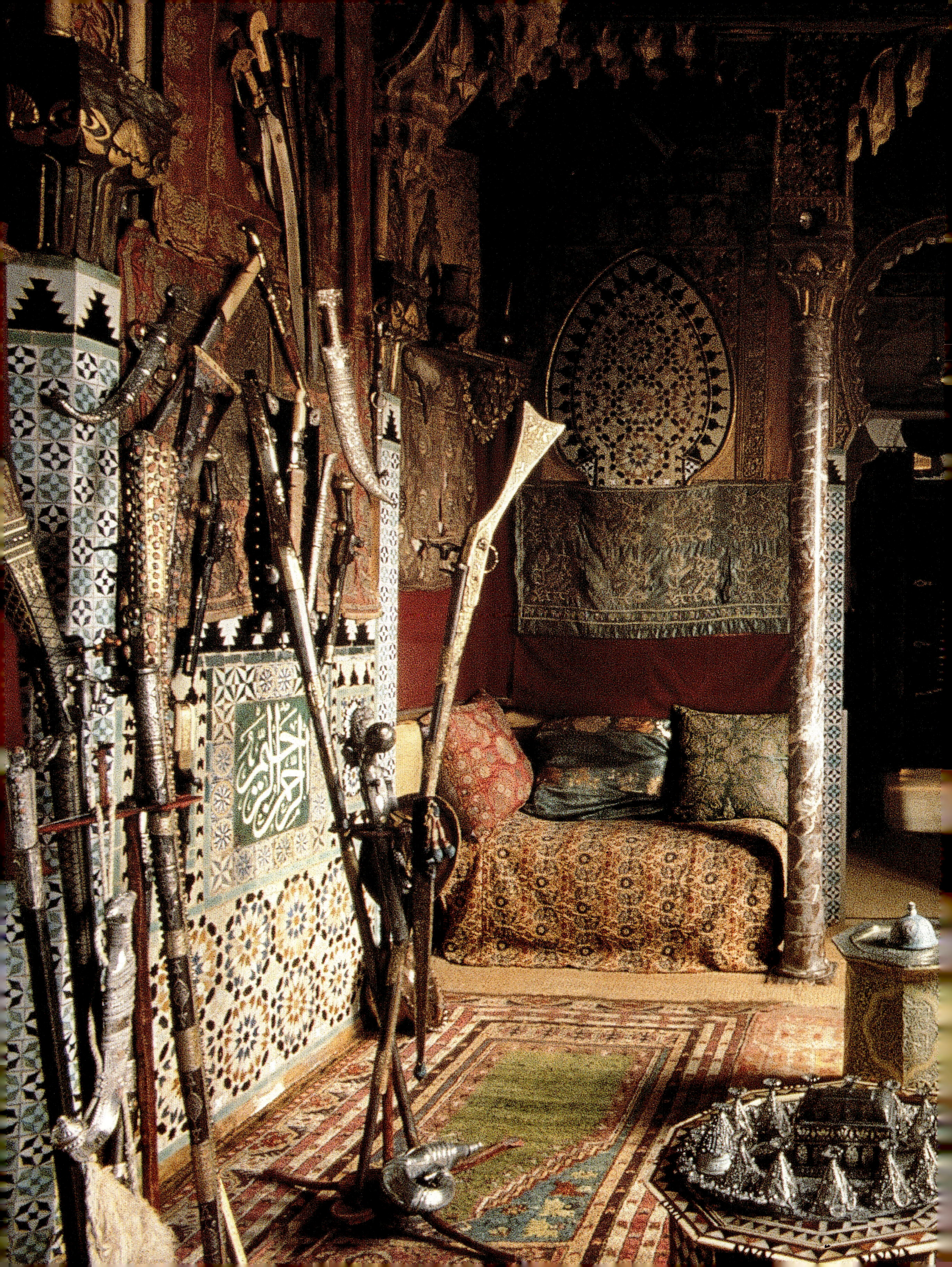

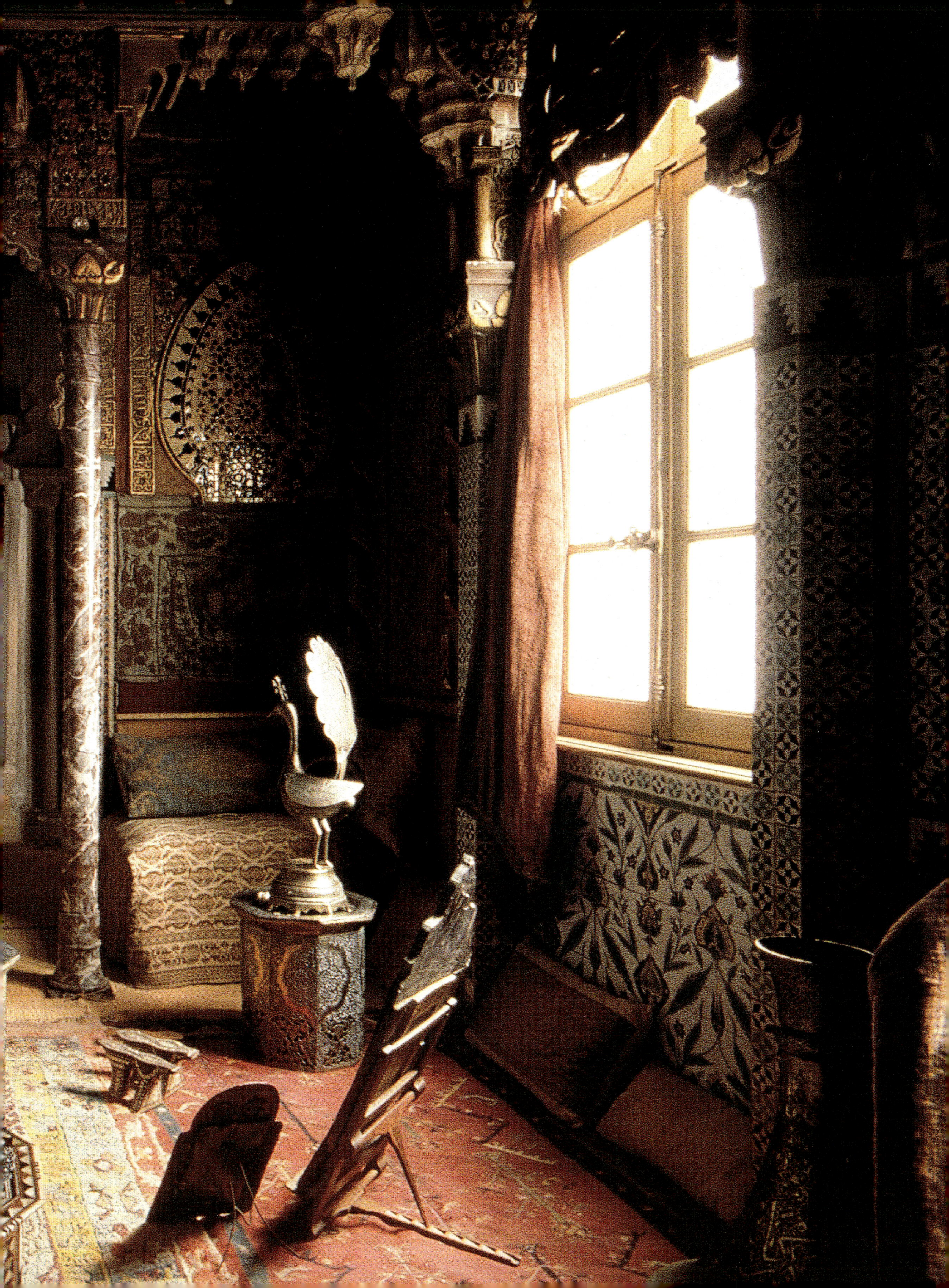

außergewöhnliche Begeisterung für die Vergangenheit. Nachdem er das Exotische seinem Geschmack angepasst hat, nimmt er sich bei der Interpretation historischer Stilrichtungen die gleichen Freiheiten heraus. Auch hier scheut er weder Aufwand noch Kosten.

Ein riesiger Renaissance-Saal mit flämischen Tapisserien und Kassettendecke zeigt seine Vorliebe für das Leben des Adels. Eins der Fenster ziert ein von ihm selbst entworfenes Wappen. Darüber der Spruch: »Mein Schmerz verzaubert mich.« In diesem Saal lädt er zu rauschenden Bällen: Dann steigen zweihundert Gäste die breite Treppe mit den asymmetrischen Geländern hinauf. Das denkwürdigste Fest, ein Diner im Stil Ludwigs XI., wird im gotischen Saal stattfinden, wo das Gestühl mit den verzierten Pfeilern, der überdimensionale offene Kamin und die mit Humpen voll gestellten Regale Träume von Erhabenheit spiegeln.

Trotz seiner Überspanntheit, seiner Fluchten und seiner Liebschaften erweist sich Pierre Loti als guter Sohn und Ehemann. Seine Mutter unterstützt die verspielte Kreativität, indem sie bunte Seidenstoffe säumt und Vorhänge drapiert. Spuren ihres Wirkens finden sich im roten Salon mit seinen samtbespannten Wänden, der Louis-seize-Kommode, den Sesseln, dem Klavier, den Porträts. Der blaue Salon ist Lotis Ehefrau gewidmet. Die Einrichtung, Kronleuchter mit Behängen, halbmondförmiger Konsoltisch und Medaillonstühle, ist die bürgerliche Ausgabe des aristokratischen Milieus, auf das Blanche, geborene France de Ferrière und seit 1886 mit Loti verheiratet, Anspruch hatte. Das gemeinsame Schlafzimmer, nach dem Napoleonischen Bienenemblem das »Bienenzimmer« genannt, steht mit seiner Schmucksymbolik, wie den Siegesgöttinnen an den Wänden, ganz im Zeichen des Empirestils.

Lotis persönliches Reich befindet sich im Herzen dieses Labyrinths aus Anbauten und Erweiterungen, die wie die Teile eines Bilderrätsels angeordnet zu sein scheinen. Der Raum mit den kalkgeweißten Wänden und dem Eisenbett liegt ganz am Ende eines dunklen Flurs. In religiöser Harmonie findet man hier ein Kruzifix, eine Buddhafigur und einen Koranvers. Trotz dieser Symbole hat Pierre Loti befürchtet, er werde als Atheist sterben. Ob dem so war, werden wir nie erfahren. Ein Geheimnis mehr, das sich um ihn rankt.

Der Renaissance-Saal (großes Bild Mitte) *bildet einen würdigen Rahmen für fünf flämische Tapisserien aus dem 17. Jahrhundert. Mit seiner Kassettendecke und dem übergroßen offenen Kamin demonstriert er den Wohlstand des Erfolgsautors. Über eine Treppe gelangt man zu der Galerie, die im Hintergrund zu sehen ist. Der bescheidenere blaue Salon* (S. 16 unten) *ist im Stil des 18. Jahrhunderts eingerichtet. Bäume und Blumen verleihen dem kleinen Garten eine romantische Atmosphäre* (oben).

Andrew Logan

ARCHITEKTONISCHE MEISTERLEISTUNG
IN EINER EHEMALIGEN GARAGE

Farbenrausch in luftiger Höhe

»Mir gefällt es hier so gut, dass ich überhaupt keine Lust zum Ausgehen habe«, sagt Andrew Logan. Mit »hier« ist das von dem Architekten Michael Davis entworfene Haus in Bermondsey, London, gemeint, das nicht nur als Ausstellungsraum für Andrews leuchtende Flammenskulpturen, sondern auch als Atelier dient. Farben und großzügige Räume sind für Andrew lebenswichtig. Für Michael auch, deshalb kann er den Freund so gut verstehen. Und so hat er kräftige Farben ausgesucht, die in dem eintönigen Grau ringsumher sofort auffallen: Rosa, Blau, Gelb, Grün, Rot; nach dem Vorbild des mexikanischen Architekten Luis Barragan, den er als seinen Lehrer betrachtet, hat er diese großflächig auf die Wände aufgetragen. Eine, manchmal zwei Farben je Zimmer, die ergänzt werden von der Farbpalette der Möbel, Teppiche, Bilder und Blumen. Der Mut zum Außergewöhnlichen wurde belohnt.

Unerschrockenheit allein genügte aber nicht, um die Ende der 1980er Jahre erworbene, zwischen einer Volksküche und einem schrillen Pub gelegene Garage in extravagante Wohnräume zu verwandeln. Können und eine profunde Kenntnis von Rauminhalt und Materialien waren die Voraussetzungen für diese architektonische Meisterleistung.

Vorher hatten Andrew und Michael in einem ehemaligen Filmstudio auf dem Dach eines mehrgeschossigen Gebäudes gewohnt, auch dort bereits »unter Glas«. Als ihnen wegen der notwendigen Renovierung gekündigt wurde, suchten sie einen gleichwertigen Ersatz, fanden jedoch keinen und beschlossen deshalb, selbst einen zu bauen. Das Ergebnis ist das Aufsehen erregende Glashaus auf einem Häuschen, das aus Francis Lopez' Operette *La Belle de Cadix* stammen könnte. Unter dem Glasdach befinden sich die Schlafzimmer und die Bäder. Auf der restlichen Fläche haben Andrews Werke einen Platz gefunden, z. B. ein riesengroßer Pegasus, dessen Flügel mit Spiegeln inkrustiert sind, eine originelle

Das Glashaus mit dem dreieckigen Dach, das Andrew Logans Atelier beherbergt, krönt ein Häuschen im spanischen Stil. Michael Davis hat den gleichen altrosafarbenen Ton ausgesucht, den auch Ludwig II. von Bayern für seine Schlösser wählte.

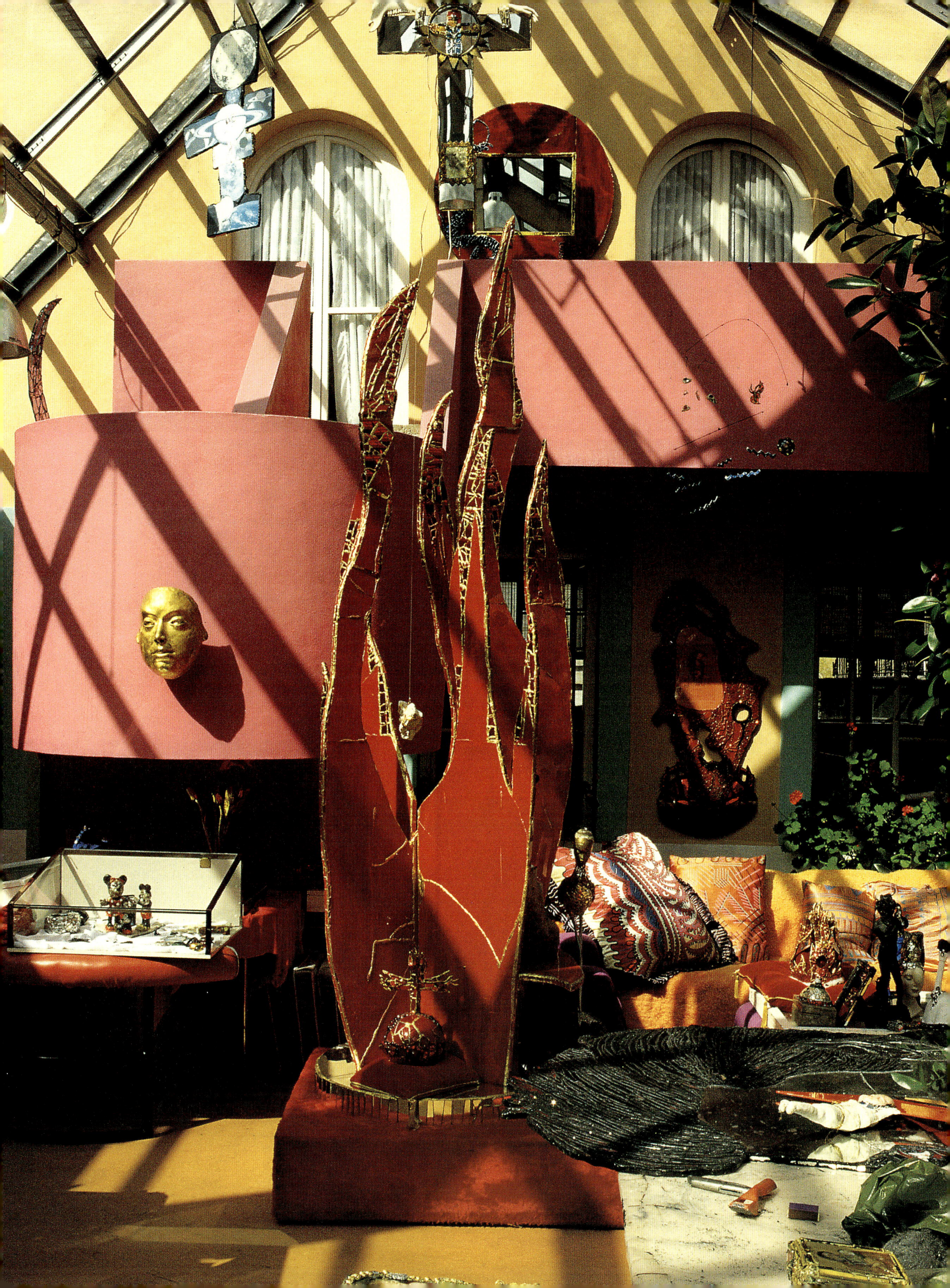

Andrew Logan (unten) vor einer seiner Flammenskulpturen. Fotos und Porträts von Freunden zieren die gelben Schlafzimmerwände. Darunter ist eine bunt gestreifte Tagesdecke zu sehen (rechts). Das große, türkis gestrichene Zimmer im Erdgeschoss (S. 21) dient seinen Bewohnern gleichzeitig als Bibliothek, Küche und Esszimmer.

Technik, die er auch für seine barocken Schmuckstücke verwendet. Ihretwegen wird er als der moderne Fabergé gefeiert. Der schmeichelhafte Vergleich steigt ihm keineswegs zu Kopf: Anstatt sich mit einer Krone zu belasten, passt er seine Kopfbedeckungen lieber den wechselnden Events an, die er veranstaltet, den Ausstellungen, die er organisiert, und den Festen, denen er den nötigen Pep verleiht. Logan ist im Showbusiness zu Hause. Begonnen hat er seine Karriere in Abendgarderobe als »Gastgeber und Gastgeberin« des Wettbewerbs »Die andere Miss Welt«, einer Parodie auf die Miss-Wahlen. Er bekennt sich zu dieser zwiespältigen Rolle, mit der man ihn identifiziert – sie ist nur eine von vielen für ihn.

Michael Davis ist zurückhaltender als sein Lebensgefährte. Seine Ausdrucksmittel sind Formen und Farben. So weckt die orange Hausfassade zur Straße hin, die wie eine riesige Leinwand wirkt, die Neugier der Passanten. Sie schauen auf, bleiben stehen und lauschen. Und würden zu gern einen Blick dahinter werfen. Was für außergewöhnliche Schicksale müssen sich hinter der in lebhaftem Blau eingefassten Tür abspielen! Wer das Haus betritt, kommt sich wie in einem Technicolor-Film vor. Das große Zimmer im Erdgeschoss, das Küche und Büro zugleich ist, ist türkis gestrichen; vom gelben Schlafzimmer gelangt man in ein smaragdgrünes Bad, und wenn sich Andrew auf dem rosaroten Balkon des Häuschens zeigt, dann gewiss nicht in einem grauen Anzug. Ausgefallen sind auch die Stoffe, mit denen er arbeitet. Alabaster, Marmor und Granit überlässt der Künstler anderen. Er bezieht seine Inspirationen aus Harz, Spiegeln und mehr oder minder wertvollen Steinen. Seit dreißig Jahren bearbeitet er diese mit geradezu diabolischer Virtuosität. Es verwundert nicht, dass Prominente wie Elton John, Koo Stark und Anita Pallenberg zu seinen Fans zählen, da sie gewissermaßen Seelenverwandte sind. Erstaunlicher ist da schon, dass auch »Queen Mum«, die britische Königinmutter, zu seinen Kundinnen gehört. Der Name Andrew Logan ist mittlerweile in allen Gesellschaftsschichten ein Begriff geworden.

Zurzeit hat er ein größeres Projekt in Arbeit: einen sieben Meter hohen Pegasus aus Gold und Bronze, der seine Flügel ausbreiten und nach Mittelengland fliegen wird.

Die Lalannes

VON BRONZETIEREN UND PFLANZENSKULPTUREN

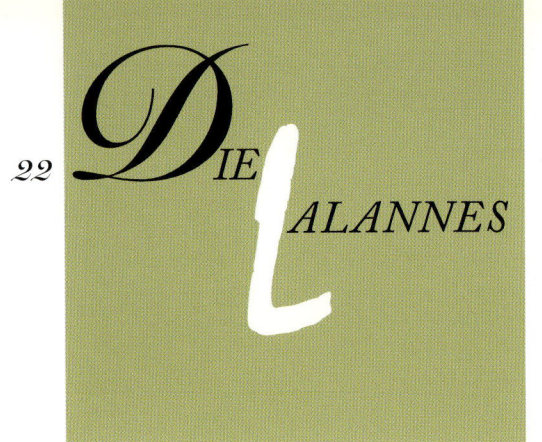

Ein inspiriertes Haus

Der Dichter und seine Muse, der Maler und sein Modell: Diese Paarungen sind seit Jahrhunderten wohl bekannt. Die Frau vertraut sich dem Mann an, damit er sie, wenn schon nicht unsterblich, so doch wenigstens für eine Weile glücklich mache. Unter diesem Aspekt betrachtet, sind die Lalannes in der Welt der Kreativität und der Kreativen eine Ausnahmeerscheinung: Beide sind Vollblutkünstler. Seit ihrer ersten Begegnung 1952 leben sie zusammen und arbeiten Seite an Seite. Jeder ist beruflich seinen eigenen Weg gegangen, hat seine eigene Karriere verfolgt, der eine so erfolgreich wie die andere. 1967 haben sie in Ury bei Fontainebleau ihr Haus gefunden, um darin Wurzeln zu schlagen. Das Haus ist zwei- oder dreihundert Jahre alt, aber dank der Zuneigung seiner Bewohner sieht man ihm sein Alter nicht an.

Wer das Grundstück betritt, überquert zunächst einen gepflasterten Hof, wo man einen Esel streicheln, Schafe zählen, eine Kuh tätscheln und, was sehr viel ungewöhnlicher ist, Flusspferden und Wildschweinen begegnen kann. Den Bronzezoo hat François-Xavier Lalanne geschaffen. Zu sehen ist hier nur ein kleiner Teil, denn einige Figuren stehen in der Scheune und andere, bedeutende Monumentalplastiken, bevölkern den angrenzenden Wald, wo sie Wind und Wetter trotzen. Man kann sie vom Haus aus sehen. Das Haus selbst gleicht einer Arche Noah, auf der nicht nur Tiere, sondern auch Claude Lalannes Pflanzenskulpturen Zuflucht gefunden haben. Claude formt alles ab, was sie inspiriert: Blumen, Blätter, Früchte, aber auch eine Hand oder ein Lippenpaar. Zur Feinarbeit an der in Kupfer oder Bronze gegossenen Form benutzt sie heute die von den Goldschmieden angewandte Galvanoplastik. 1969 formte sie auf Wunsch von Yves Saint Laurent sogar den Oberkörper des Starmodels Veruschka ab; der vergoldete Harnisch bildete das Oberteil eines kostbaren Abendkleides. Claude Lalanne hat auch poetische Schmuckstücke entworfen, die als

Den Kamin im Wohnzimmer hat der Hausherr selbst gebaut.

Auch sämtliche Tiere, mit Ausnahme des kleinen Hundes auf dem Teppich unter

der Bank, stammen aus seinem Atelier.

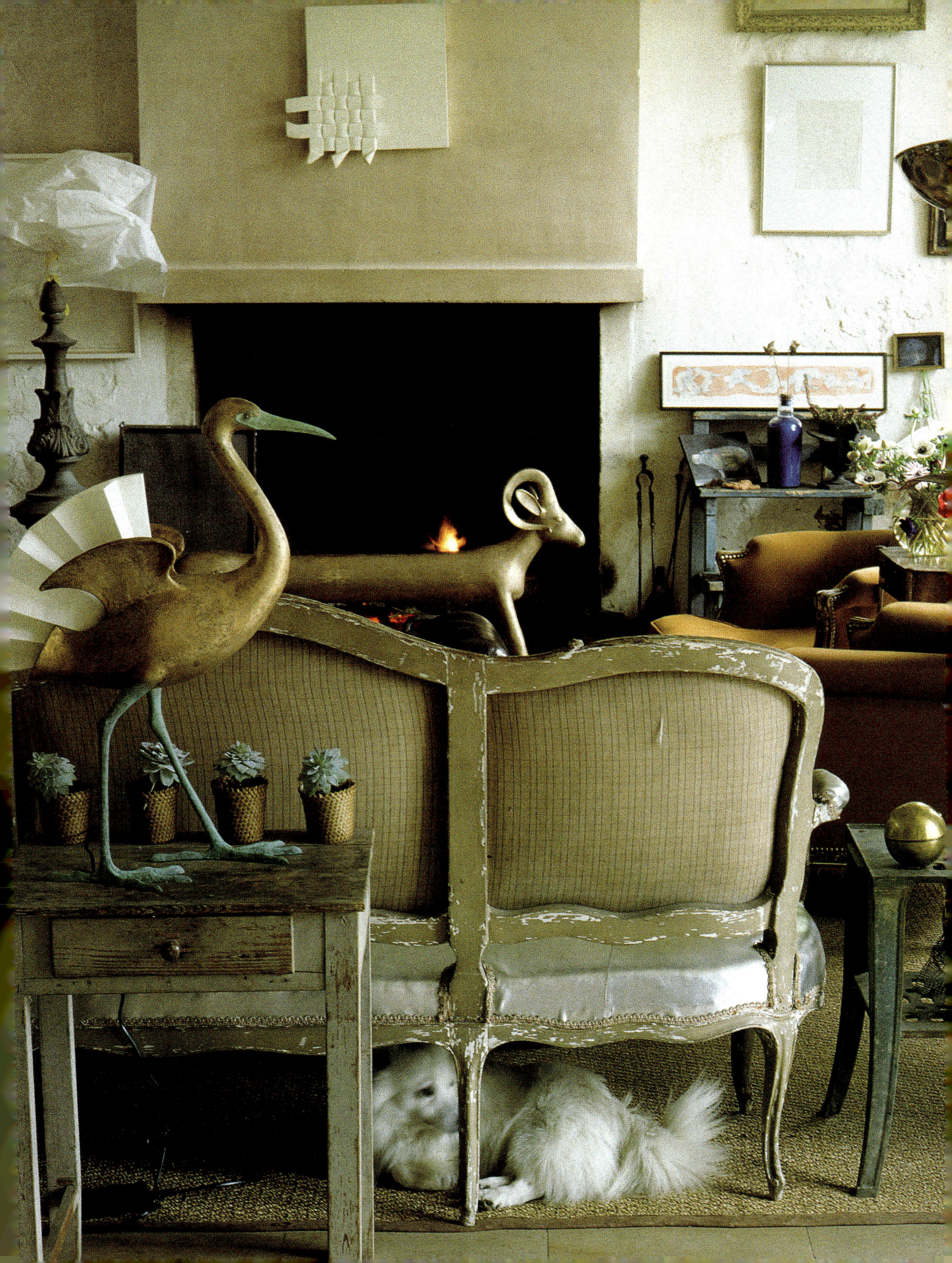

24 ExtraVagant

Objets du désir von Artcurial herausgebracht werden. Doch obwohl die Modewelt stets die Lalannes hofiert hat, sind sie beide immer auf Distanz geblieben.

Sonst hätten sie, mitgerissen vom Strudel der Kollektionen, der Premieren und gesellschaftlichen Verpflichtungen, sich wohl kaum an die Neuerschaffung der Welt gewagt (und sie noch schöner als bei ihrer Entstehung gestaltet). Sonst hätten sie auch nicht die Zeit gefunden, sich diesen herrlichen Zoo auszudenken, der den Pariser Parc de Bagatelle 1998 in einen zweiten Garten Eden verwandelte. Die von der Stadt Paris organisierte Retrospektive verdeutlichte, dass die Lalannes, deren Werke sich in bedeutenden Privatsammlungen und in den renommiertesten Museen wiederfinden, ein sehr gemischtes Publikum begeistern: Kunstkenner ebenso wie Kinder, die von ihren Eltern mitgenommen werden, oder Neugierige, die das Wochenende für einen Spaziergang an der frischen Luft nutzen. Die Kunst der Lalannes ist nicht nur ein Genuss für die Augen: Sie spricht das Herz an. Man muss diese Kunst nicht erst dechiffrieren und in ein kulturelles Bezugssystem einordnen. In Japan sollen die beiden Künstler als »lebende Schätze« gefeiert werden. In Frankreich verehrt und bewundert man sie, aber man lässt sie in Frieden das Leben leben, das sie sich ausgesucht haben und das von kreativer Rastlosigkeit und von täglicher Arbeit bestimmt wird.

In ihrem Reich, einem Gewächshaus im Garten, lässt Claude Lalanne ihrer barocken Fantasie freien Lauf. Ohne vorbereitenden Entwurf kreiert sie Schmuck in Form von Weinranken oder Butterblumen sowie ausgefallene Bestecke in Vermeil, auf deren Stielen und Griffen Libellenflügel und Orchideenblütenblätter eine harmonische Verbindung eingehen. Sie entwirft Fabelwesen wie den *Homme à la tête de chou*, den Mann mit dem Kohlkopf, dem Serge Gainsbourg, der die Plastik erwarb, ein Chanson widmete, oder so verrückte Möbel wie den Lianensessel mit den daran hinunterflitzenden Affen oder jenen Konsoltisch, der mit Krokodilleder bespannt ist, das zuvor in ein galvanisches Bad getaucht wurde.

Aus François-Xavier Lalannes »Zaubererwerkstatt« gleich nebenan stammen die großen friedlichen Tiere, die er zusammenschweißt und die sich genauso wenig wie ihr Schöpfer irgendeinem Pariser Trend unterwerfen. Ihre runden, glatten Formen knüpfen zwar an die Tradition von Pompon oder des rumänischen Bildhauers Constantin Brâncuși an, doch mit seinem Humor steuert Lalanne eine ganz persönliche Note bei. »Im westlichen Kulturbereich

Auf dem Tisch sind Objekte von Claude Lalanne zu sehen. Dahinter steht eine mit silbernem Leder bezogene Bank Louis-quinze. Claude hat auch den Gingkoblätterstuhl und den Krokodilsessel entworfen. In der Diele lehnen Holzsäulen vor einer Lithografie von Max Ernst.

wird der sakrale Charakter der Kunst viel zu stark betont«, erklärt er. »Für unsere Vorfahren war ein Kunstobjekt immer auch ein Gebrauchsgegenstand … Die Leute leben in langweiligen Wohnungen. Aber das muss nicht so sein, ein Künstler darf nicht langweilig sein.« Und so kommt ein Krötensessel ins Haus, ein Schreibtisch, der gewölbt ist wie ein Eselsrücken, eine Taubenlampe oder eine Flusspferdbadewanne. Man kann diese Möbelstücke benutzen, man kann sie belächeln und man kann sich von ihnen rühren lassen. Die animalischen Meisterwerke von Ury haben lebende Gefährten: Hunde, Katzen und Vögel, die sich frei im Haus und im Garten bewegen.

Das Haus, das ist zunächst einmal die Küche. Eine richtige, ganz gewöhnliche Bauernküche, nur dass der blecherne Rauchfang vom Hausherrn angefertigt wurde. Hier werden die Mahlzeiten eingenommen, hier sitzt man mit Freunden und der Familie zusammen. Und nach dem Essen macht man es sich im Wohnzimmer gemütlich. Ein großer Paravent trennt es vom Esszimmer, dessen runder Tisch meistens als Schreibtisch dient. Man nimmt auf der mit silbernem Leder bespannten Bank aus dem 18. Jahrhundert Platz, auf einem einfachen Eisenstuhl oder, wer sich traut, auf einem Bronzethron in Form von Gingkoblättern. Überall, auf dem Tisch aus rohem Holz, dem kleinen Sekretär, dem Kiefernholzbüfett, auf jeder nur denkbaren Ablagefläche, sind Objekte der Lalannes zu sehen. Sie bilden nicht nur eine gelungene Synthese von Natur und Kunst, sondern sind zugleich auch Beweis für die harmonische Verbindung zweier wirklich außergewöhnlicher Menschen.

Die Lalannes könnten ihrer Arbeit, aber auch ihrer persönlichen Beziehung wegen als Illustration eines Essays der Soziologin Irène Pennachioni dienen. Darin beschreibt sie drei Paartypen: das attraktive, von der Werbung bevorzugte Paar, bei dem der Eindruck entsteht, die Partner hätten aus dem gleichen Grund geheiratet wie die Reichen, nämlich um unter sich zu bleiben; das Vorzeigepaar mit seinem Mief nach einem erfüllten Ehevertrag und einer von Gewohnheit und Müdigkeit getragenen stillschweigenden Übereinkunft; und das seltene schöne Paar, das die Erfahrung einer Liebesgeschichte und die Vorstellung von einer vollkommenen Harmonie teilt. Die Lalannes sind zweifellos ein schönes Paar.

Ein Wäldchen mit Bronzemenagerie: Der Karpfen und die Ente sind von François-Xavier Lalanne, das Mädchen mit dem Huhn von Claude (oben). Die beiden Strauße aus Sèvres-Porzellan (rechts) stammen von François-Xavier, der sich oft zum Zeichnen an diesen Gartentisch im Wohnzimmer setzt (ganz rechts). Der Leuchter aus Kupfer und Bronze über dem Tisch ist Claudes Werk.

27

DEYAN SUDJIC — DAS KÜHNE DEKOR EINES ENGLISCHEN JOURNALISTEN

Die neue Sachlichkeit

Der Trend, Lagerhallen, Läden, Druckereien, stillgelegte Fabriken und andere Industriebauten oder Werkstätten in Lofts umzuwandeln, begann in den 1970er Jahren. Ausgehend von New York, London und Paris, waren es zunächst Maler, Fotografen, Architekten und Designer, die sich für diese großzügigen Räume begeisterten und ihre Ateliers in ihnen einrichteten. Sie sind vergleichbar mit jenen Künstlerateliers, die im 19. Jahrhundert für die grandiosen akademischen Wandgemälde, die viel Platz beanspruchten, benötigt wurden. Hinzu kam, dass diese wieder nutzbar gemachten Flächen in wenig begehrten und deshalb preiswerten Gegenden lagen. Zudem wurde dem Bedürfnis nach großen, individuell strukturierbaren Räumen, dem Wunsch nach Erhaltung urbaner architektonischer Zeugen der Vergangenheit sowie nach Verbindung von privatem und beruflichem Bereich innerhalb derselben Räume Rechnung getragen.

Andy Warhol hatte mit seiner berühmten *Factory* den neuen Trend propagiert, und mit der üblichen Zeitverschiebung von zehn Jahren kam der Loft auch in Europa in Mode. Wer in Paris »in« sein möchte – künstlerisch Tätige, Designer, Werbe- und Filmleute oder Leute aus der Showbranche –, für den ist der Loft ebenso ein Muss wie der Bauernhof im Lubéron oder das Haus auf der Île de Ré. Da die Nachfrage das Angebot überstieg, sind einige Innenarchitekten, um ihre Kunden zufrieden zu stellen, auf die Idee gekommen, wunderschön proportionierte Fünfzimmerwohnungen aus der zweiten Hälfte des 19. Jahrhunderts umzugestalten (vielleicht manchmal ein wenig rücksichtslos), indem sie die Zwischenwände einrissen, die Zierleisten und die über den Kaminen eingelassenen goldgerahmten Spiegel entfernten.

Ähnlich radikale Maßnahmen wurden Anfang der 1980er Jahre in London im Auftrag des Journalisten Deyan Sudjic durchgeführt.

*Durch eine Öffnung in Form
eines großen Türschlosses gelangt man von
einer Wohnung in die andere.*

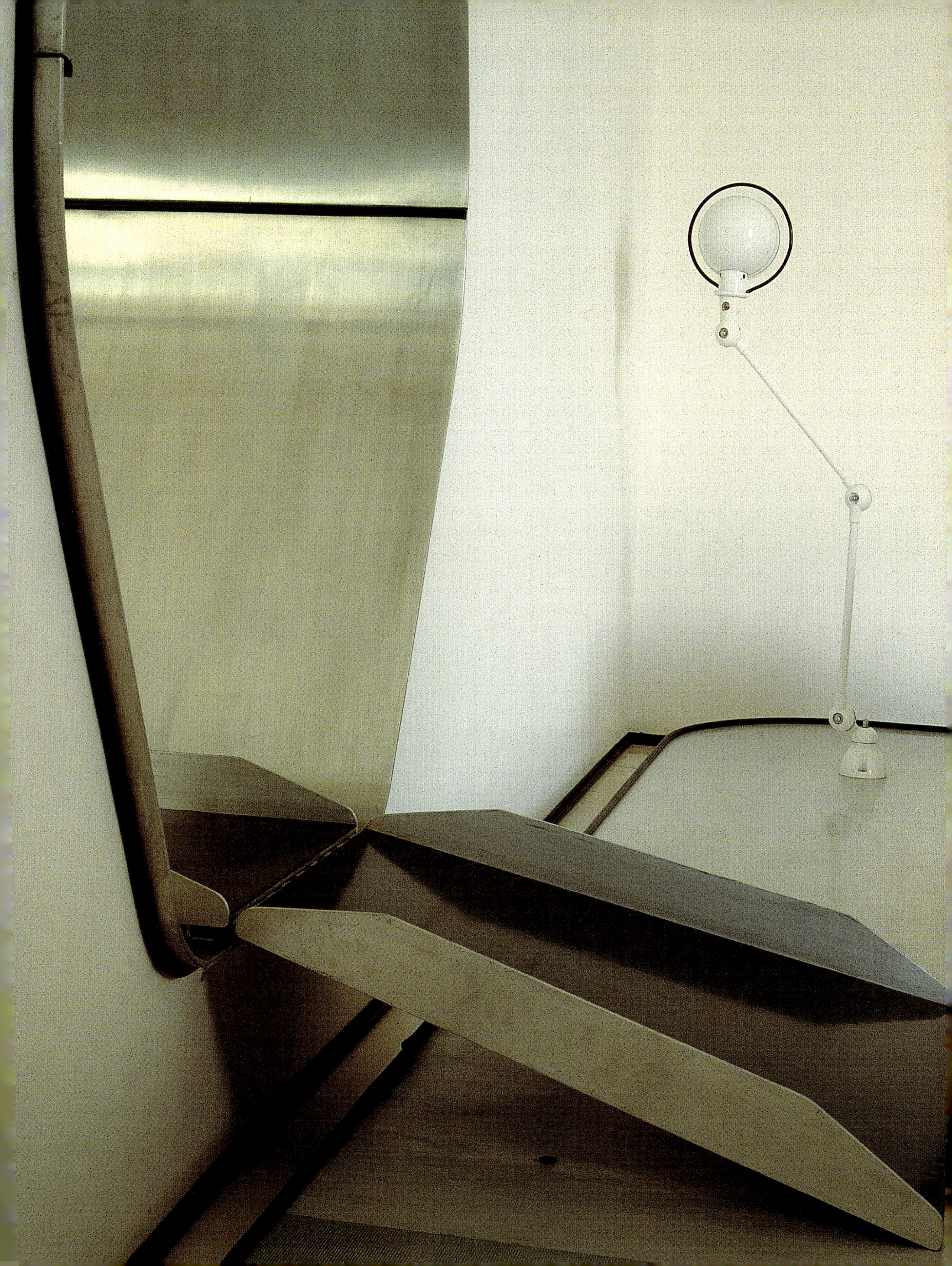

Plattformen aus Aluminiumblech grenzen die Wohnebenen voneinander ab. Die Wohnung ist äußerst spärlich möbliert: Am Fußende des Bettes steht dieser Sessel von Rietveld in Rot und Schwarz (unten), das »Wohnzimmer« ist nur mit einer italienischen Couch und einem niedrigen Tisch eingerichtet (rechts).

Begonnen hat alles mit einer Wohnung, die aus der Verbindung von zwei aneinander grenzenden Wohneinheiten in zwei verschiedenen kleinen Häusern von 1840 entstanden war. Der neue Eigentümer hatte vorher in einem Loft gewohnt, das ihm zu dunkel war. Sein Traum: Luft, Licht und Sonne! Und so beauftragte er die beiden Architekten David Nixon und Jan Kaplicky von Future Systems, seine Wünsche wahr werden zu lassen.

Lofts sind für Architekten ideale Experimentierfelder. Jan Kaplicky, der mit den Architekten Richard Rogers und Norman Foster zusammengearbeitet hatte, lockte das Angebot umso mehr, als er als Fachmann für die Einrichtung der Raumstationen der amerikanischen Weltraumbehörde NASA herangezogen worden war. Nach sechsmonatigen Umbauarbeiten konnte Deyan Sudjic in seine Raumkapsel klettern, ohne die Erde verlassen zu müssen. Die zahlreichen Trennwände waren herausgerissen und Plattformen, die die unterschiedlichen Wohnbereiche voneinander abgrenzen, frei im Raum installiert worden. Die elektrischen Leitungen sind im Fußboden aus Aluminiumblech verlegt, sodass die Leuchten an jedem gewünschten Ort angeschlossen werden können. Ein Durchbruch in Form eines überdimensionalen Türschlosses trennt das Wohnzimmer vom Esszimmer, ein Haus vom andern … und die Viktorianische Ära vom Weltraumspaziergang.

Obgleich diese Wohnung weder die räumliche Größe eines »traditionellen« Loft hat, noch dessen ursprüngliche Aufgabe erfüllt, spiegelt ihr Interieur sein Wesen wider. Mag das kühne Ergebnis auch nicht jedermanns Geschmack sein, so hat Sudjic doch unbestritten das Recht, seinen Lebensbereich ganz nach eigenem Gusto zu gestalten.

GEORGE WAY

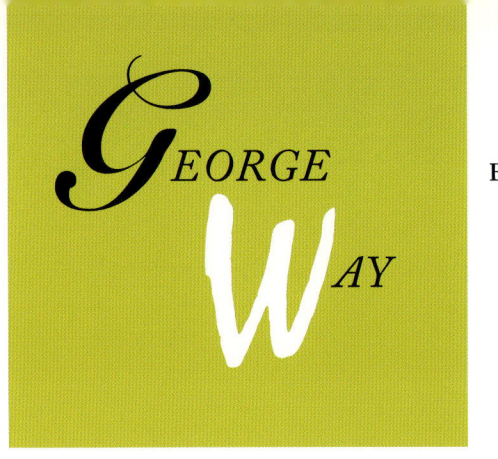

EIN UNTYPISCHER SAMMLER IN NEW YORK

Der Mann, der es liebt, Holz zu polieren

George Way ist nicht mit einem silbernen Löffel im Mund geboren worden. Deshalb ist er auch besonders stolz auf jenen, den er für ein paar Dollar auf dem Flohmarkt gekauft hat. Der Doppelgänger des von Jesse Kip signierten Stücks wird im New Yorker Metropolitan Museum of Art aufbewahrt und ist ein Vermögen wert. Im Gegensatz zu vielen Reichen, die Kunst sammeln, um damit anzugeben, und, weil sie nichts davon verstehen, auf dubiose Händler hereinfallen oder gänzlich dem Urteil eines teuren Beraters vertrauen, hat George Way den Weg vom unerfahrenen Laien zum beschlagenen Profi Stück für Stück und ohne fremde Hilfe zurückgelegt.

Begonnen hat alles durch einen Zufall, so wie in der Geschichte einer großen Liebe, wo ein einziger Blick das Leben zweier Menschen und das ihrer Nächsten von Grund auf verändert und manchmal eine Tragödie einleitet. George Ways Begegnung mit einem Knopf war zwar nicht so romantisch, aber richtungweisend für sein ganzes Leben. Er hatte den Kupferknopf auf der Straße in Valley Forge, Pennsylvania, aufgelesen, wo er seine Ferien verbrachte. George Washington hatte dort im Winter 1777/1778 sein Feldlager aufgeschlagen. Der Junge brachte seinen Fund ins örtliche Museum, und es stellte sich heraus, dass der Knopf von einer Uniformjacke und diese aus dem Unabhängigkeitskrieg stammte. Da die Museumswärter es ungewöhnlich fanden, dass das Kind den Knopf abgeliefert hatte, führten sie es durch das Museum und erklärten ihm Herkunft und Wert der Objekte, für die es sich interessierte. George infizierte sich mit dem Kunstvirus und erkrankte unheilbar. Heute gilt er unter Fachleuten als einer der ihren, als zuverlässiger Experte. Er gehört zu den hundert bedeutendsten Kunstsammlern der USA, und die Anleger drängen sich, um seine Vorträge in New York zu hören: Er gibt anderen Tipps, in welche Kunstobjekte sie das Geld, das er nie hatte, am besten investieren.

Die Gemäldekollektion in diesem mit massiven Eichenmöbeln eingerichteten Zimmer könnte manches Museum neidisch machen. Die meisten Bilder sind Porträts aus England und Holland und stammen aus dem 16. und 17. Jahrhundert.

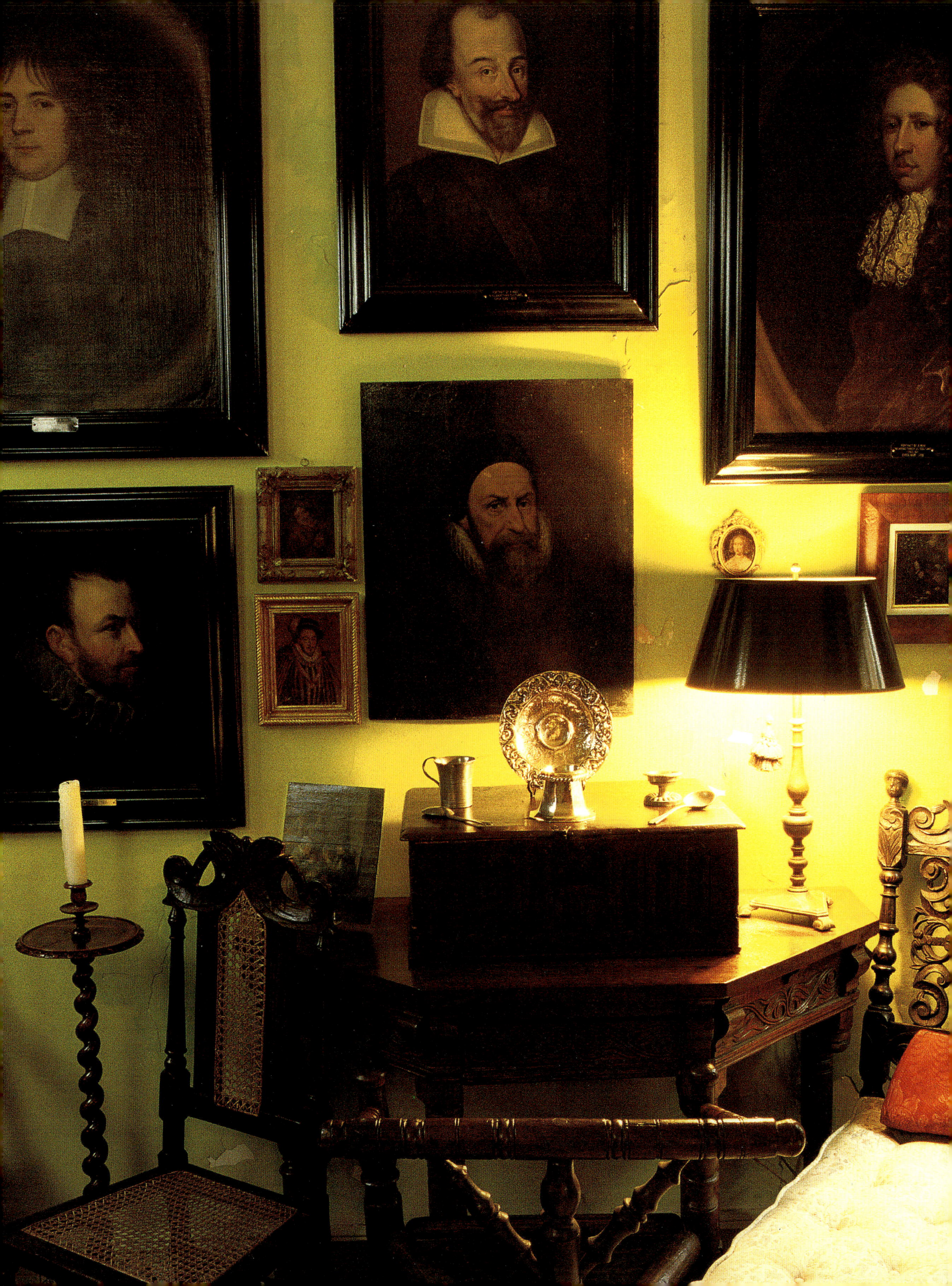

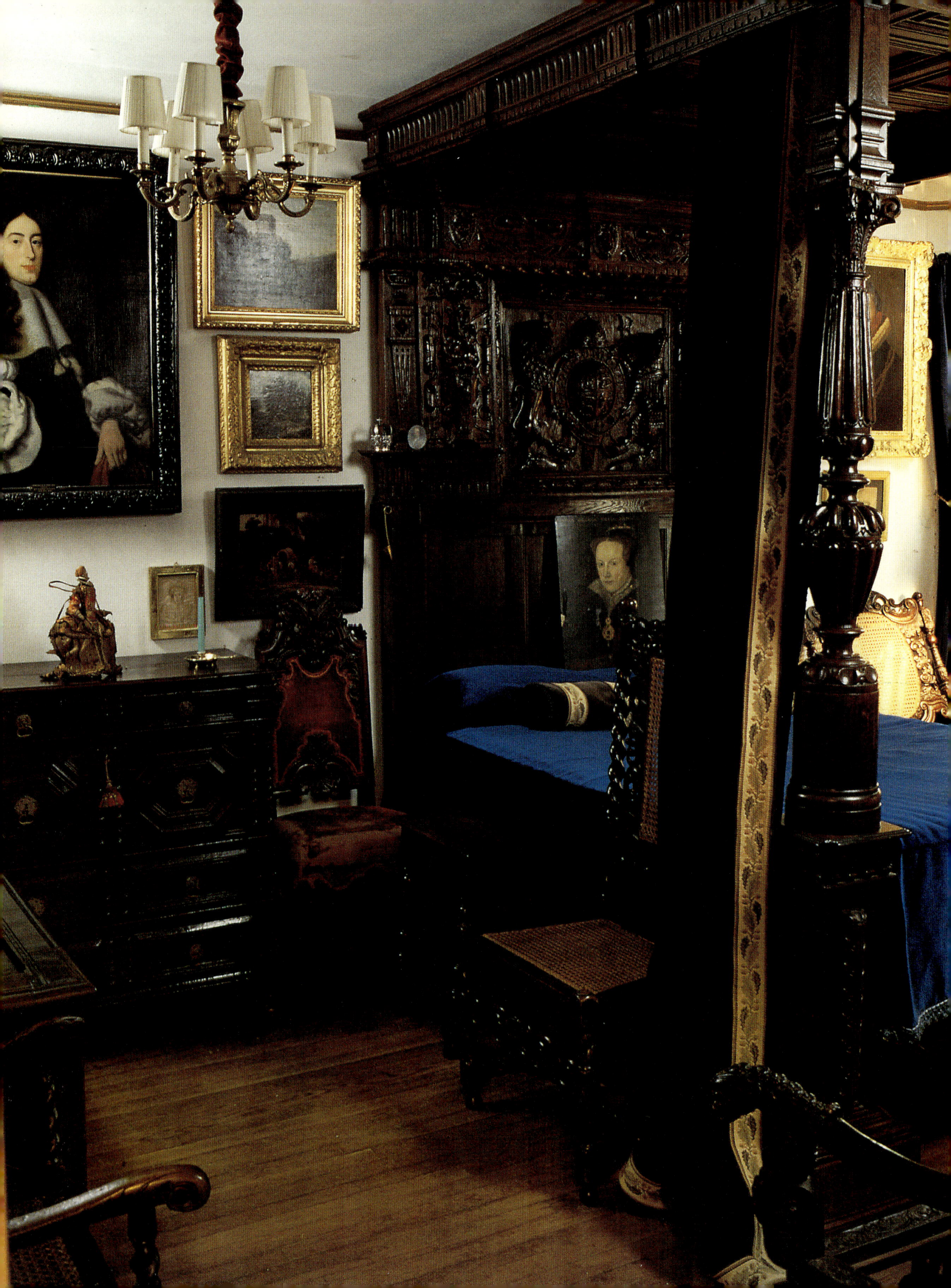

George Way verdient sich seine Dollars in einem Lebensmittelgeschäft. Was er auf die Seite legen kann, fließt in Antiquitäten oder in die Jagd nach alten Kostbarkeiten, in ihre Restauration und ihre Pflege. Könnte er sich von Zeit zu Zeit von einem seiner Stücke trennen, hätte sich George bereits vor langem zur Ruhe setzen können, aber diese Möglichkeit hat er nie auch nur in Betracht gezogen. Und ist glücklich dabei: »Reisen reizt mich nicht, ich brauche mir keine Gedanken zu machen, was ich anziehen soll, und ich schließe früh.«

Am Spätnachmittag kehrt George in seine Dreizimmerwohnung in einem schlichten New Yorker Mehrfamilienhaus zurück. Spärliches Licht fällt durch die Samtvorhänge, es herrscht eine andächtige, fast religiöse Atmosphäre in diesen Räumen, in denen er einen Ahnenkult besonderer Art treibt. Seine »Ahnen«, das sind etwa hundert Porträts aus dem 16. und 17. Jahrhundert, die wie das Silbergeschirr und die Möbel aus Deutschland, Holland oder England stammen. Die zum Teil recht wuchtigen Möbelstücke, Stühle, Tische und Kommoden, nehmen so viel Platz ein, dass man sich kaum noch bewegen kann. Was George Way aber nicht daran gehindert hat, sich ein großes Himmelbett ins Schlafzimmer zu stellen, für dessen Transport neun Personen nötig waren.

Wenn nun ein Feuer ausbräche, was würde der Sammler retten? An so etwas will er gar nicht denken. Wahrscheinlich würde er lieber mitsamt seinen Schätzen verbrennen oder aber vor Kummer vergehen, falls er wider seinen Willen gerettet würde. Und dann bedauert er: »In New York ist Eichenholz so gut wie unbekannt«, und streicht dabei liebevoll über eine Eichenholzbüste des englischen Königs Karl I. »Der beste Weg, ein Möbelstück kennen zu lernen, sich mit seiner Bauweise vertraut zu machen, die Details zu studieren, ist, es zu wachsen und zu polieren, bis es glänzt.« Eine Aufgabe, die er niemals einem anderen anvertrauen würde. Und wenn er nicht gerade den Staublappen schwingt, dann schreibt er: Er hat eine eigene Kolumne in einer Zeitung und er bereitet ein Buch vor, eine Fibel für den Durchschnittsamerikaner, der »alt« mit »Trödel« gleichsetzt und Mahagoni nicht von Palisander unterscheiden kann.

Sein Traum? Ein Museum, das seinen Namen trägt ...

Der Tisch, an dem George Way arbeitet (ganz oben rechts), *stammt aus dem 17. Jahrhundert. Noch älter ist das mit reichen Schnitzereien verzierte Holzbett im Elisabethanischen Stil* (links). *Wie alle wuchtigen Möbel aus jener Zeit besteht es, der besseren Transportierbarkeit wegen, aus mehreren Einzelteilen. Eine besondere Kostbarkeit ist das Gemälde* (oben): *Es soll sich um ein Selbstbildnis des 25-jährigen Rembrandt handeln.*

PIERRE & GILLES

EIN POETISCHES REICH IN EINEM PARISER VORORT

Die Kunst des Glücklichseins

Was haben Ludwig II. von Bayern und eine Barbie-Puppe gemeinsam? Oder Buddha und John Travolta? Romantik und Kitsch? Plastik und Mystik? Die Antwort lautet: Pierre und Gilles. Sie haben sich nämlich entschieden, sich nicht zu entscheiden. Und haben nach Lust und Laune so lange alles zusammengetragen und miteinander vermischt, bis ihre Wohnung in der kleinen Straße im Pariser Vorort Le Pré-Saint-Gervais gleichsam ein Abbild ihrer beruflichen Tätigkeit wurde. Die Räume sind voll gestopft wie die Geschenkartikelabteilung eines Kaufhauses kurz vor Weihnachten, nur dass es sich hier um Andenken und die kleinen Freuden des Lebens handelt. Den billigen Krimskrams aus aller Welt, aus den Souks von Marrakesch, von indischen Basaren oder mexikanischen Märkten, verwenden sie bei der Herstellung ihrer Bilder, die sie, nach langer Diskussion über Hintergrund, Beleuchtung, Accessoires, Kostüme und Make-up, selbst kreieren.

Kennen gelernt haben sich Pierre und Gilles 1976 auf einer Party des Modeschöpfers Kenzo, die sie zusammen auf einem Motorroller verließen. Seitdem sind sie ein Paar, privat wie beruflich. Ein originelles Paar, das sich gut ergänzt. Pierre, der in Genf Fotografie studiert hat, stellt im Keller ihrer Wohnung, der wie ein Filmstudio eingerichtet ist, Abzüge von Porträtaufnahmen her. Gilles, Absolvent der École des Beaux-Arts und gelernter Illustrator, bearbeitet, retuschiert und bessert die Fotos mit einer solchen Präzision nach, bis alles Störende, alles Ärgerliche beseitigt ist. Und diese Kunstgriffe vertuschen die beiden nicht etwa, nein, sie bekennen sich offen dazu.

Die Modelle für ihre Fotos? Sängerinnen, Schauspielerinnen und Mannequins, die nach der Verwandlung in märchenhafte, madonnenhafte Schönheiten übers ganze Gesicht strahlen: Lio, Sylvie Vartan, Claudia Schiffer, Nina Hagen, Arielle Dombasle, um nur einige zu nennen. Aber es sind auch blonde, adonische Männer darunter, halb naiv, halb provozie-

Die Wendeltreppe führt nach oben in die beiden Schlafzimmer und nach unten in den Keller, wo Pierre und Gilles ihre fotografischen Werke produzieren. In der Küche (folgende Doppelseite) stehen auf jedem Sockel der mit kleinen Fliesen gekachelten Wände grellbunte Kitschfiguren.

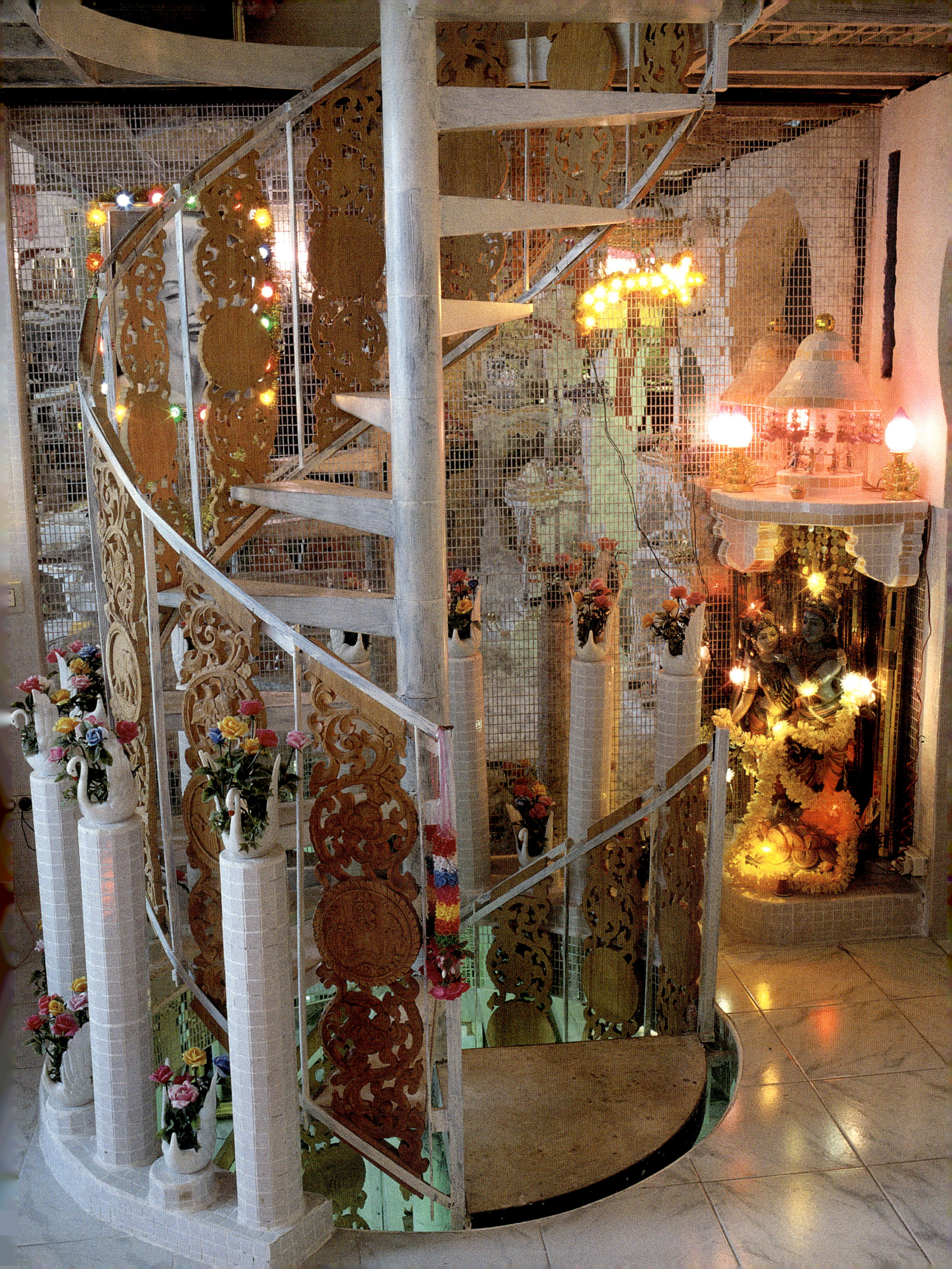

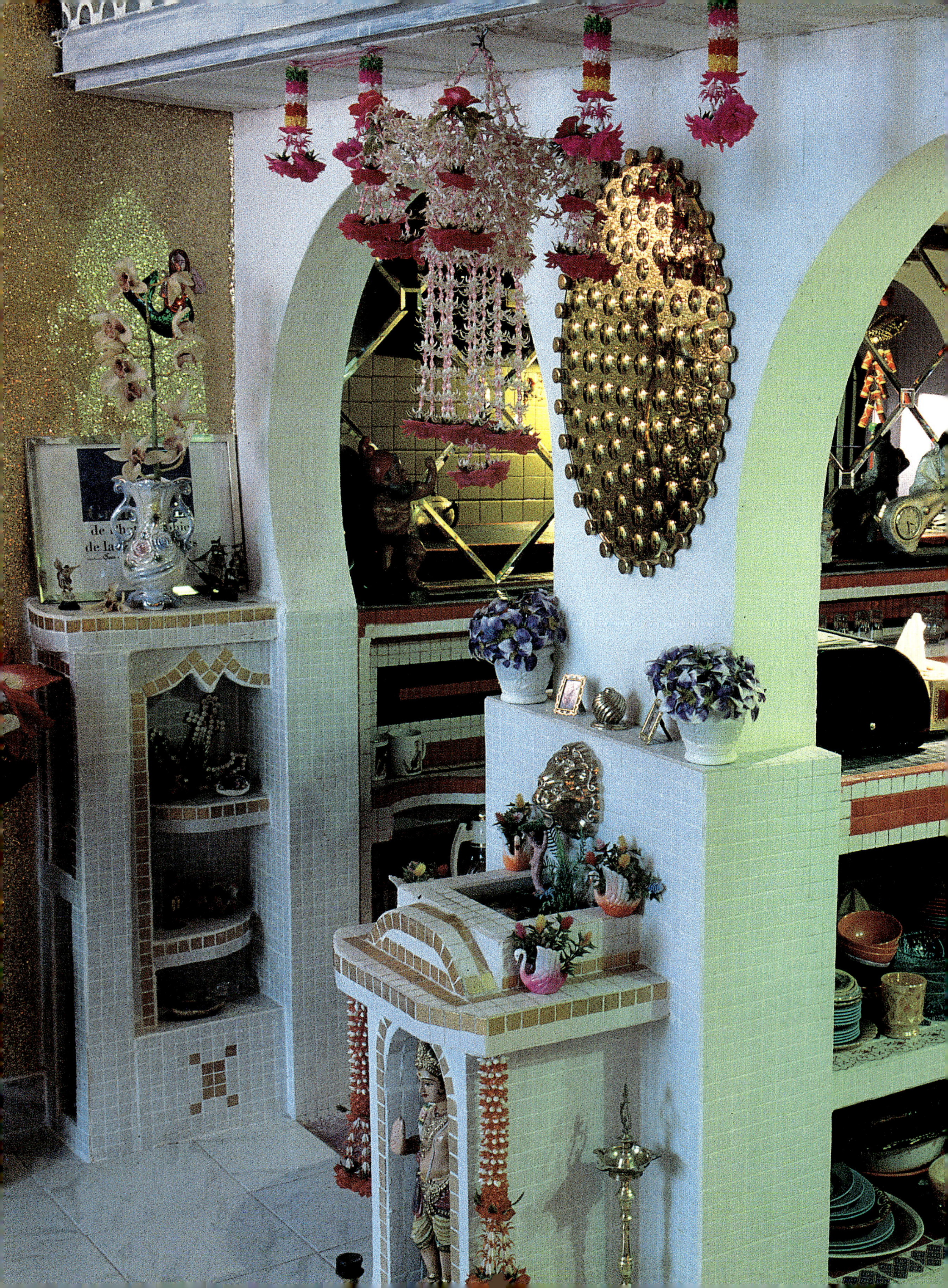

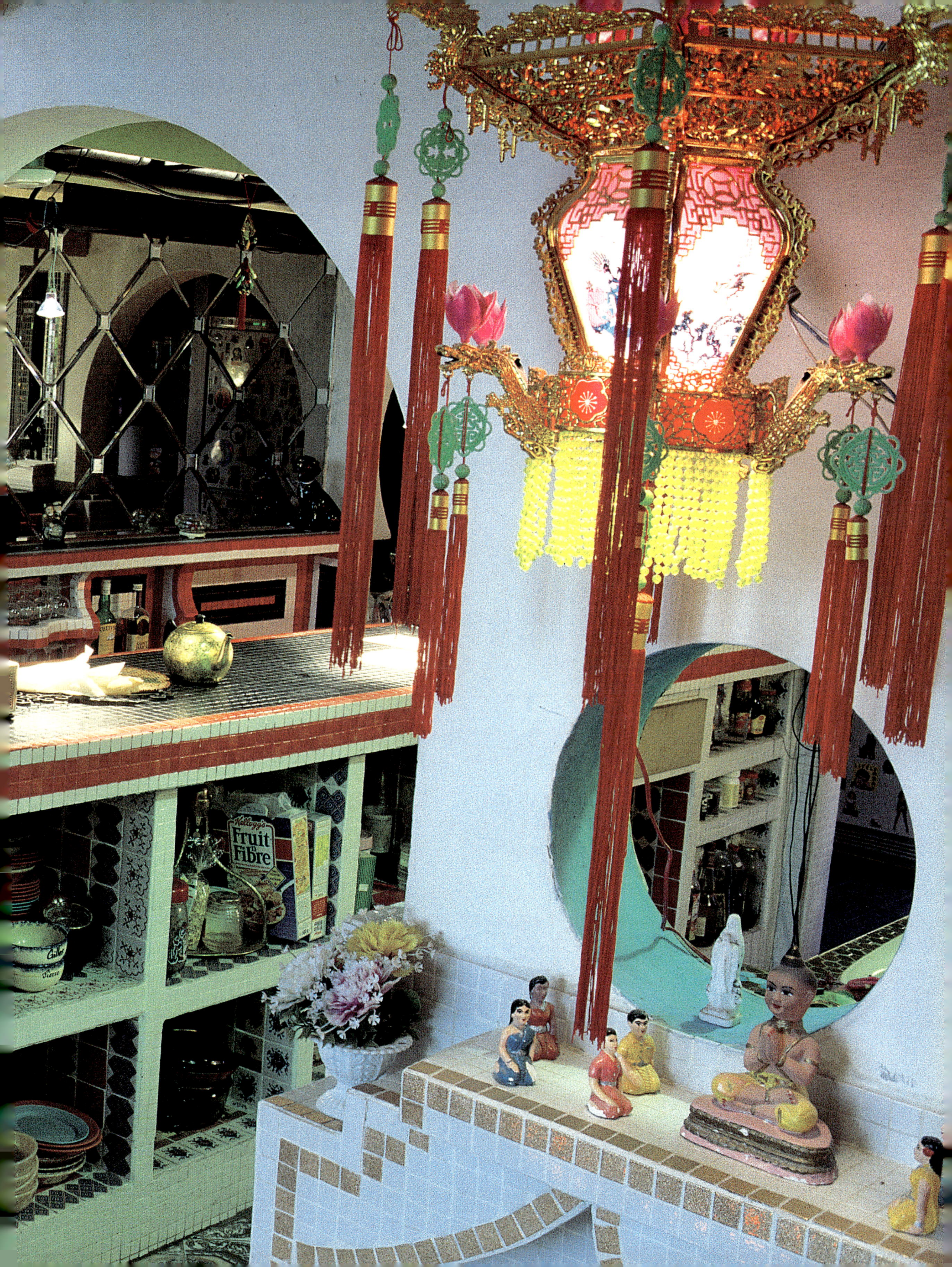
Kellogg's
Fruit 'n Fibre

rend und immer schwul. Homosexualität ist zwar nicht Pierre und Gilles' Geschäft, aber doch ein wesentlicher Bestandteil ihrer erotischen und poetischen Welt.

Eine Porträtreihe haben sie zum Beispiel den *Jolis voyous,* den »hübschen Kerlen«, und den *Petits Boxeurs,* den »kleinen Boxern«, gewidmet, andere den *Saints,* den »Heiligen«, und den *Naufragés,* den »Schiffbrüchigen«. Auf der Ausstellung La Beauté en Avignon, *dem* Veranstaltungsereignis des Jahres 2000, waren sie mit den zwittrigen Schöpfungen *Rhoda* und *Krischna* vertreten, von denen Organisator Jean de Loisy schwärmte: »Wer die Fotos von Pierre und Gilles betrachtet, hat das Gefühl, seine Träume seien wahr geworden.«

Pierre und Gilles, Fans schmelzender Pastelltöne, sternenübersäter Himmel, drapierter Goldstoffe und glühende Verehrer indischer Filme mit pomadisierten Helden, reagieren äußerst empfindlich, wenn man ihren Einrichtungsstil unvorsichtigerweise als kitschig bezeichnet. Dennoch finden sich in ihrer Wohnung sämtliche Elemente dessen, was Abraham Moles als »die Kunst des Glücklichseins« bezeichnet: verspielter Zierrat in knalligen Farben auf jeder Ablagefläche, Plastikblumen, Lichterketten, Holz- und Marmorimitationen und andere auf echt getrimmte Materialien ... Ein Interieur, das Anhänger des Funktionalismus vor den Kopf stoßen und Verfechter des puristischen Stils abschrecken dürfte.

Obwohl nicht jeder von uns der Versuchung erliegt, durch die heimliche Leidenschaft für eine erholsame und maßvolle Geschmacklosigkeit ein gesellschaftlich akzeptiertes Lustgefühl zu empfinden, wie Abraham Moles es einmal beschrieb, so tragen wir doch alle ein kleines Körnchen Kitsch in uns, das nur darauf wartet, aufgehen und sich entfalten zu können. Pierre und Gilles jedenfalls haben ihr kleines Körnchen Kitsch gepflegt. Und das recht erfolgreich: Auf der Pariser Messe für Zeitgenössische Kunst, FIAC 2000, machten ihre von der Galerie Jérôme de Noirmont ausgestellten Werke Furore. Zuvor hatten sie bereits die USA mit einer Retrospektive erobert, die ihnen das New Museum of Contemporary Art in New York gewidmet hatte.

Vor zweihundert Jahren hat Hegel über die Kunst geschrieben und sie als die höchste Freude, die der Mensch sich selbst bereiten kann, bezeichnet. Für Pierre und Gilles, die gerne klettern, ist sie aber nicht die einzige.

Pierre (mit Telefon) und Gilles beim Kaffee (ganz links unten). *Der Fernseher hat seinen Platz in einer Nische der tempelförmigen, gefliesten Regalwand* (links oben). *Die Zuckerpuppe und der schwarze Leuchtenträger* (Mitte) *stehen im Wohnzimmer. Ein mit einem Foto von Sylvie Vartan bedrucktes Kissen auf einem überladenen Eisenstuhl. Dahinter ist eine indische Flötenspielerin zu erkennen, die repräsentativ für den Einrichtungsstil des ganzen Hauses ist* (oben).

Piero Fornasetti

EIN MAILÄNDER DESIGNER AUS DEN 1950ER JAHREN

Das Genie der Fantasie

»Meine Fantasie wird mich überdauern«, sagte Piero Fornasetti voraus. Er sollte Recht behalten. Dass die Prophezeiung sich erfüllt hat, ist aber auch das Verdienst seines Sohnes Barnaba. Anstatt in das alte Lied jener Sprösslinge einzustimmen, die ihrer Einschätzung nach dazu verdammt sind, im Schatten ihres genialen Erzeugers zu leben, geht er gemeinsam mit seiner schönen Frau, der gebürtigen Amerikanerin Betony, einer Schmuckdesignerin, und den Kindern vollständig in dieser wunderbaren Welt auf, die der Designer Ettore Sottsass so bewunderte: eine Welt von Bildern, Fragmenten, Aussprüchen und Erinnerungen. Deshalb ist es für Barnaba Fornasetti auch ganz selbstverständlich, dass er mit seiner Familie in einem Flügel seines Elternhauses in Mailand lebt, wo auch das Atelier und die Büros untergebracht sind. Er verwaltet nicht nur den etwa zehntausend Objekte umfassenden Nachlass seines Vaters, sondern vergrößert die Sammlung aus Geschirr, Möbeln, Stoffen, Keramiken, Stehleuchten und Tapeten beständig.

»Ich verwende alles, Glas, Metall, Marmor, alles, was mir in die Hände kommt«, sagte Piero Fornasetti einmal. Er begann zu zeichnen, als er zehn Jahre alt war, und diese Leidenschaft ließ ihn bis zu seinem Tod am 15. Oktober 1988 nicht mehr los. Er fand schon bald zu seinem Stil, der von den Bauten des italienischen Baumeisters und Architekturtheoretikers Andrea Palladio sowie von den Schwindel erregenden Perspektiven des italienischen Kupferstechers, Archäologen und Baumeisters Piranesi beeinflusst war. Die Möbel – Sekretäre, Schreibtische und Kommoden –, die er in den 1950er Jahren gemeinsam mit dem italienischen Architekten und Designer Giò Ponti entwarf, wirken durch ihre Formgebung wie Monumente. Und dabei handelt es sich keineswegs um die Technik des Trompe-l'œil: Fornasetti, ein Meister des veränderten Maßstabs und der Verwandlung von Rauminhalten in Flächen, will nicht vortäuschen, sondern aufwühlen.

Bei Fornasetti fängt alles mit einer Zeichnung an und endet in der Antike.
Die Schiebetüren im Büro sind mit großen Siebdruckleinwänden bespannt. Davor ein
Stuhl aus lackiertem Holz, dessen Lehne einen Heißluftballon darstellt.

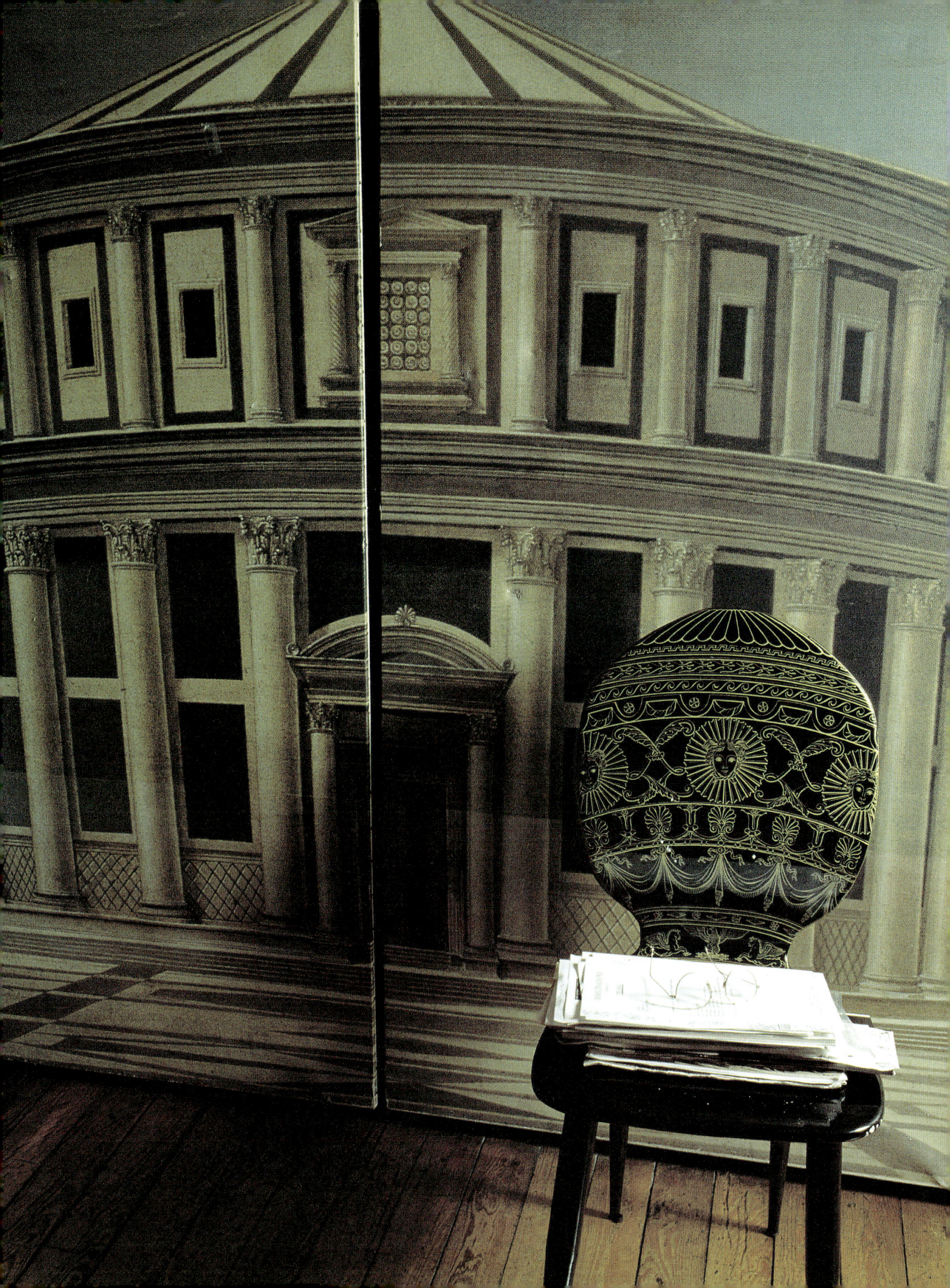

44 ExtraVagant

Seine architektonischen Muster zieren Schals ebenso wie Teller. Der Obelisk ist eines seiner Lieblingsmotive. Aber es gibt noch andere: Sonne, Hand, Spielkarte und ein geheimnisvolles Frauengesicht, von dem er fünfhundert verschiedene Versionen entworfen hat. Fornasetti pflegte stets so vorzugehen: Hatte er ein Thema ausgewählt, schöpfte er es gründlich aus, indem er es unter Umständen mehrere hundert Male abwandelte.

Fornasetti, der heute als einer der ganz Großen der angewandten Kunst des 20. Jahrhunderts gilt, beschäftigte auf der Höhe seines Erfolgs etwa dreißig Mitarbeiter. Nach 1970 war sein Stern im Sinken begriffen, was ihn mit Bitterkeit erfüllt haben dürfte. Von 1980 an, als der Stil der 1950er Jahre wieder in Mode kam, erlebte er jedoch, was wenigen Designern zu ihren Lebzeiten beschieden ist: ein Comeback. Assistiert von seinem Sohn Barnaba, machte er sich voller Elan von neuem an die Arbeit. Man findet seine Kreationen in Mailand, Turin, aber auch in Paris bei L'Éclaireur. Manche Möbel kosten ein Vermögen, doch eine Leuchte, eine Teekanne oder ein Tablett kann man sich leisten, ohne sich finanziell zugrunde zu richten, und damit die Fragmente antiker Baukunst, die Fornasettis Fantasie neu erschaffen hat, nach eigenem Geschmack selbst zu einem Ganzen fügen.

Barnaba gehört der Welt Fornasettis mit Leib und Seele an. Es ist keineswegs eine tote Welt. Hinter den großen Siebdruckleinwänden im Büro wird gearbeitet, im Esszimmer sitzt man auf »besonnten« Stühlen, die Dusche ist mit Kacheln im Design *Bibliothèque* gefliest, das Muster des Kaffeeservices erinnert an eine Zeitungsseite und zeugt von Fornasettis Leidenschaft für Schriften und Gedrucktes. Daraus leitet sich auch die Vorliebe für Schwarz und Weiß ab. Die einzigen Farbtupfer in der Mailänder Wohnung: Betony Fornasettis rotes Klavier und ein Stuhl, dessen Lehne einen Mauren mit Turban im venezianischen Stil darstellt. Die Fornasettis leisten sich den denkbar größten Luxus: Sie sitzen auf der Kunst.

Diese Möbel und Gegenstände hat der Meister entworfen: eine Deckenleuchte mit Sonnenmotiv
(S. 44 oben); eine als Bauwerk gestaltete Kommode (S. 44 unten); eine Steppdecke (links).
Auf dem Frühstückstisch steht Keramik, deren Muster an eine Zeitungsseite erinnert (oben links).
Barnaba Fornasetti und seine Frau Betony (oben rechts).

PAUL JONES

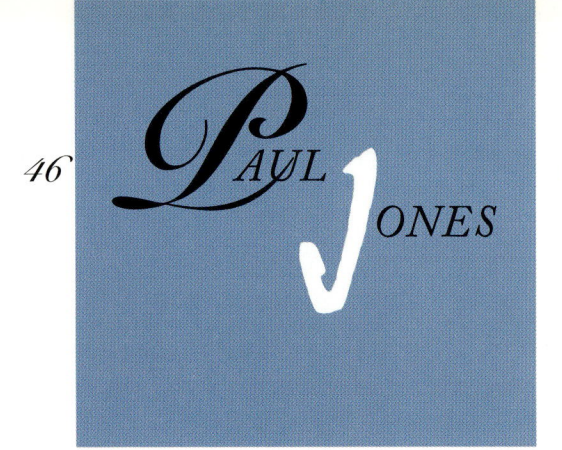

EIN BAROCKES BOUDOIR BEI KERZENSCHEIN

Der Stoff, aus dem die Träume sind

Paul Jones hat eine Leidenschaft: Stoffe. Und da er außerdem Talent zum Dekorieren hat, gleicht seine kleine Dreizimmerwohnung in Soho einem mit Samt, Damast und Schottenstoff ausgeschlagenen Schatzkästlein. Er wählt seine Tuche mit Bedacht und in Mengen aus und kombiniert sie dann mit geradezu fanatischer Fantasie.

Für jeden normalen Menschen käme nur ein neutraler Hintergrund infrage angesichts dieser opulenten Fülle von Farben und Mustern, aber für Paul Jones ist einfarbig gleichbedeutend mit eintönig und eintönig ist gleichbedeutend mit tödlich.

Und an diesem Punkt kommt sein Freund Tom Hammond ins Spiel: Außer der Küche und dem Bad, die streng funktionell geblieben sind, war nichts vor seinem Pinsel sicher.

Im blauen Salon hat Tom sich gerade die Decke vorgenommen: Engelchen fliegen zwischen Weinranken, ein paar Blätter sind abgefallen und liegen auf dem Betonboden verstreut, der sich in Gold verwandelt hat. Die Wände harmonieren mit den prächtigen Vorhängen aus Lyoner Seide des 18. Jahrhunderts. Der Spiegel im Barockrahmen täuscht nicht vorhandene Größe vor: denn was als Kulisse für ein Ausstattungsstück konzipiert zu sein scheint – vielleicht ein Boudoir für gefährliche Liebschaften? –, hat nur die Größe einer Loge. Paul Jones hat einige Sessel hineingestellt, deren kräftig roter Samtbezug die Wappen und Posamenten, in die er ganz vernarrt ist, besonders gut zur Geltung bringt.

Auf dem schmiedeeisernen Kinderbett liegen scheinbar zufällig Petit-Point-Kissen, eine Schottendecke und ein Leopardenfell nebeneinander. Der Zufall mag für vieles verantwortlich sein, nicht aber für die Auswahl und Zusammenstellung der Stoffe in Paul Jones' Wohnung. Schon damals, als er noch Lumpen auf der Straße verkaufte, war er ständiger Gast in Museen und Geschäften, las er, bildete und informierte sich. Seine Improvisationen fußen auf solidem Wissen.

Ein Beispiel für eine der kühnen und gelungenen Kombinationen, wie Paul Jones sie liebt:
Auf einem romantischen Eisenbett harmonieren Kissen in Petit-Point-Stickerei,
ein Leopardenfell und eine Schottendecke.

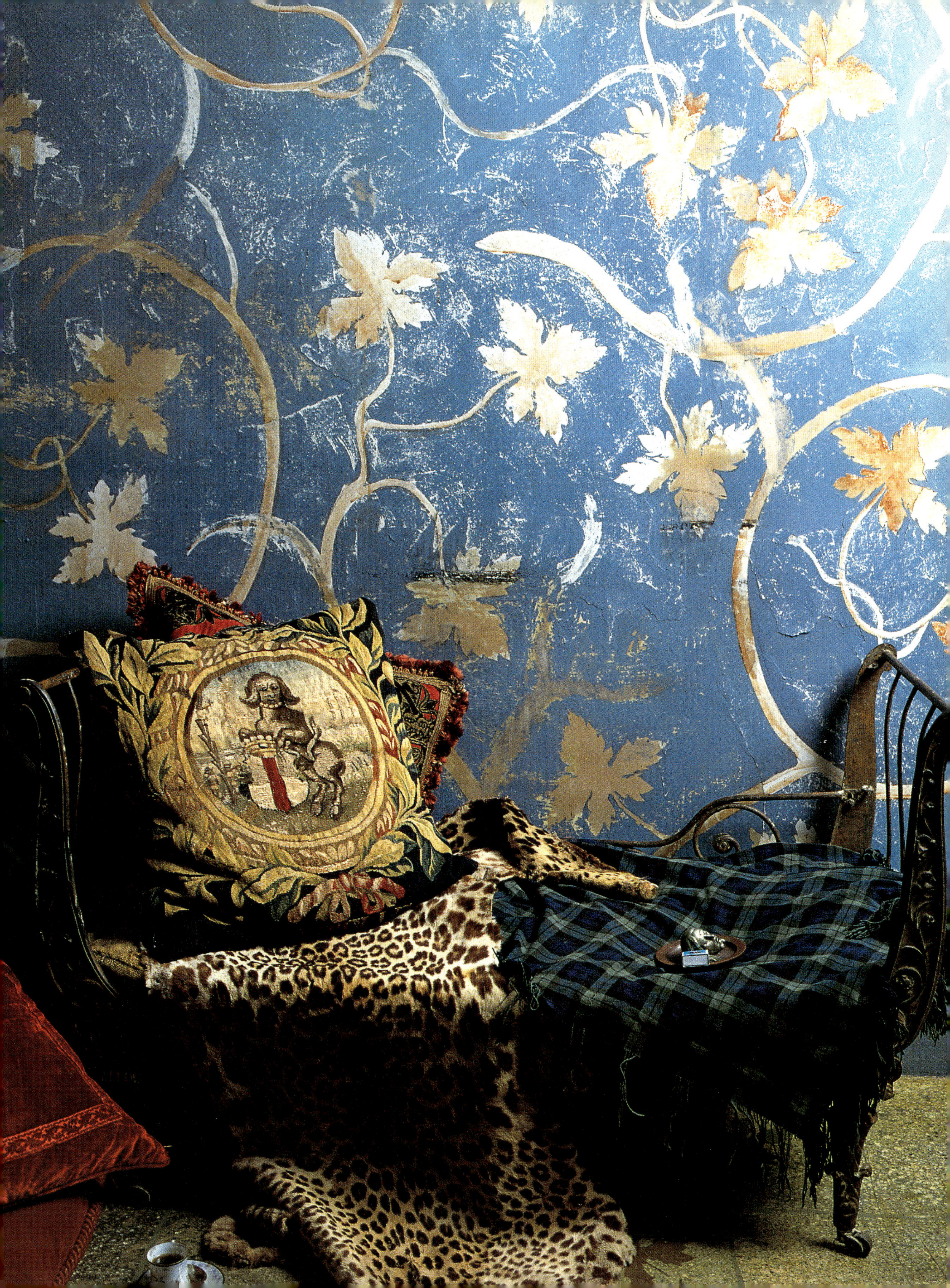

48 ExtraVagant

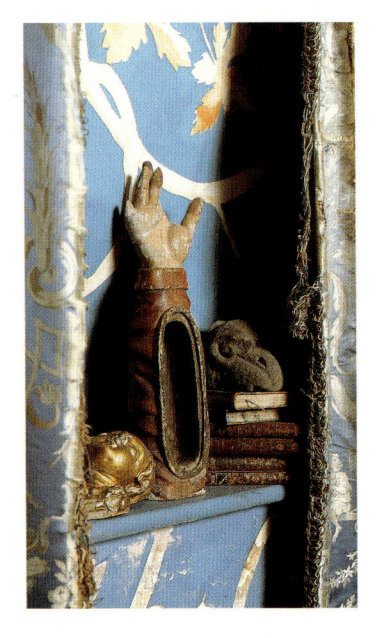

Eine Hand der Gerechtigkeit, wie sie das Zepter französischer Könige zierte, und eine Rokokowandbeleuchtung (oben links und rechts). Darunter ein Ausschnitt des Deckengemäldes. Das Muster eines alten Teils vom Mauerwerk inspirierte Hammond für die Bemalung von Decke und Wänden (rechts).

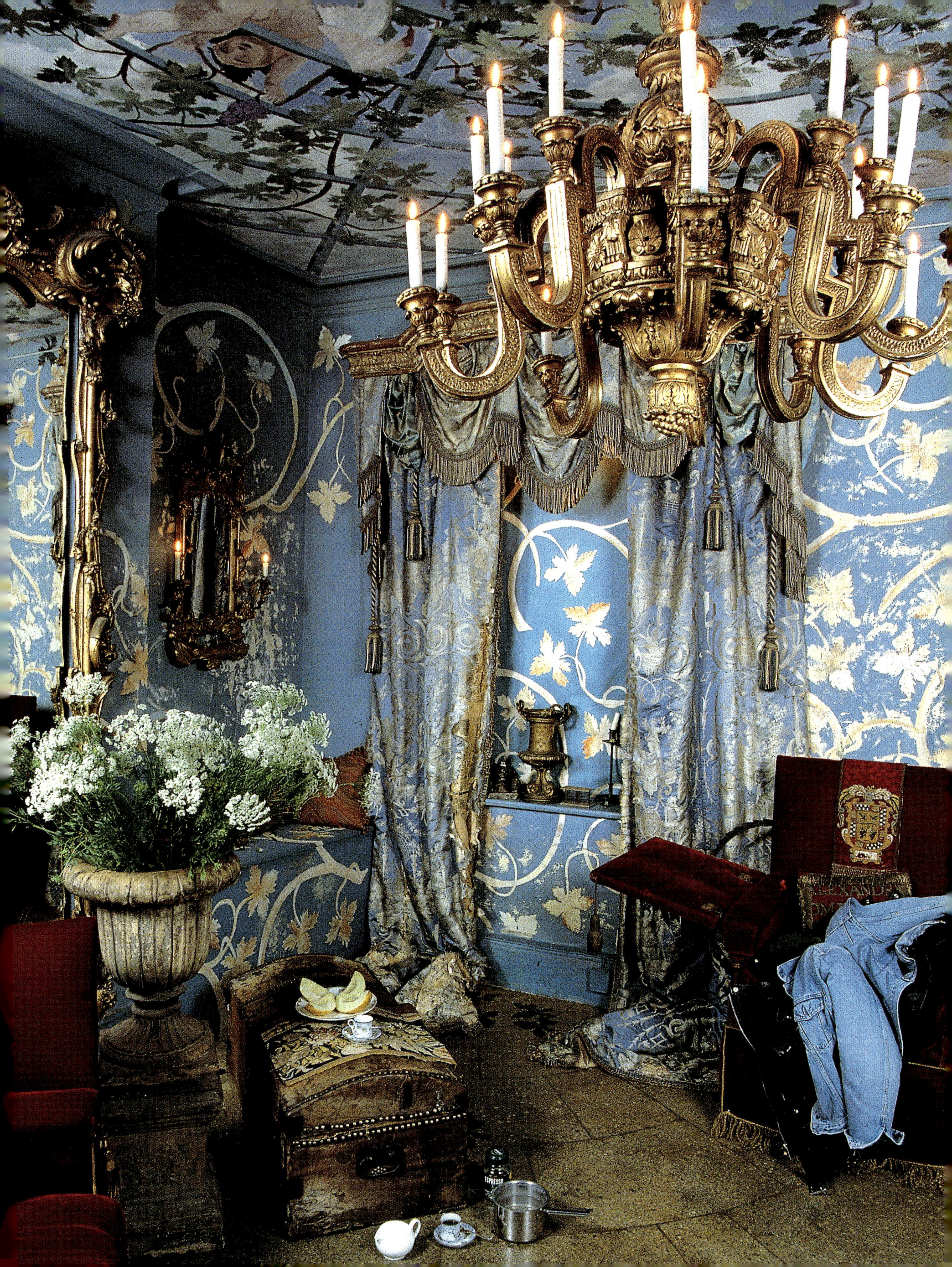

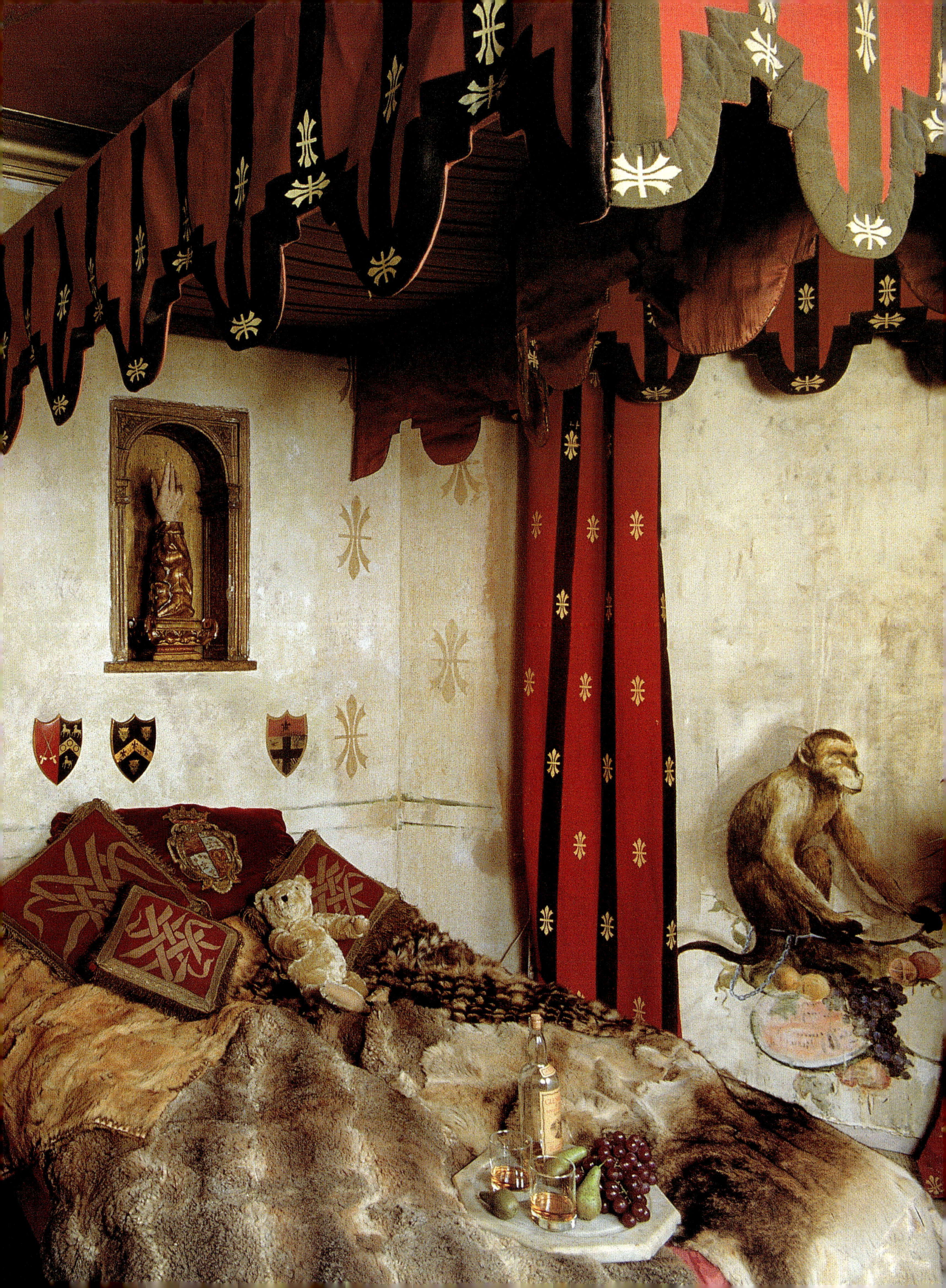

Dass der ausladende, majestätische vergoldete Leuchter in diesem Salon mit Kerzen bestückt ist, die zudem Tag und Nacht brennen, hat allerdings nichts mit dem Wunsch nach Authentizität zu tun: Paul Jones hasst das Tageslicht ebenso wie elektrisches Licht. Deshalb hat er die Fensterläden ein für alle Mal geschlossen, die Vorhänge zugezogen und lebt, eingehüllt in seine geliebten Seidenstoffe, gleichsam wie die Raupe in ihrem Kokon.

Er ist ohnehin den ganzen Tag unterwegs. In aller Frühe macht er sich auf den Weg zum Flohmarkt, hat dann Termine mit Verkäufern oder Kunden, nicht nur in London, sondern auch in Paris, Rom, Madrid oder anderswo, vorausgesetzt, er kann noch am selben Tag nach Hause fahren. In seinem eigenen Bett schläft er nämlich am liebsten. Im Schlafzimmer diente der neugotische Stoff aus dem 19. Jahrhundert, der für den Betthimmel und die Dekoschals verwendet wurde, als Ausgangspunkt. Tom Hammond malte dazu Lilienornamente auf die Wände und verlieh dem Sperrholzboden den Anstrich eines vom Alter veredelten Mosaiks. Besonderer Blickfang sind seine Affen im Stil der Chinoiserien des 18. Jahrhunderts.

Der Weg in die stille Wohnung oder aus ihr hinaus führt durch einen Flur in Purpurrot und Gold, vorbei an Ikonen mit undurchdringlichen Mienen. Draußen herrscht lärmendes, buntes, neongrelles Großstadtgetriebe. Wo spielt sich das wirkliche Leben ab?

Das Schlafzimmer (links) *ist mit Affenmotiven im Stil der französischen Kunst des 18. Jahrhunderts dekoriert, doch das Ambiente erinnert eher an das Mittelalter. Der Betthimmel und die Dekoschals sind aus Lyoner Tuch mit dem für den neugotischen Stil des 19. Jahrhunderts typischen Schmuckmotiv. Die Ikonen und Heiligenbilder* (oben links und rechts) *stammen von Tom Hammond. Auf dem Foto darunter Paul Jones auf einem Kissenberg.*

Marc-André Hubin

Das alternative Design des Gaetano Pesce

In Erinnerung an die 1980er Jahre

Die überzeugendsten Wohnungen sind jene, in denen die Einrichtung, teilweise oder ganz, wesentlicher Bestandteil des ursprünglichen Entwurfs ist, schrieb der bedeutende amerikanische Architekt Frank Lloyd Wright bereits 1913. Und, so fügte er hinzu, die Gesamtheit müsse immer als geschlossenes Ganzes betrachtet werden. Der Ruf nach organischer Gestaltung verhallt seit nunmehr knapp hundert Jahren fast ungehört, sei es aus Mangel an Geld, sei es aus Mangel an Konsequenz. Umso bemerkenswerter ist daher das Interieur von Gaetano Pesce, das dieser selbst entworfen, dekoriert und möbliert hat. Leider hat es seinen viel zu früh verstorbenen Eigentümer nicht überdauert. Geblieben sind nur diese Fotos, die Zeugnis ablegen von einem ausgefallenen Geschmack, dessen Ansprüche, dank der vorhandenen finanziellen Mittel, erfüllt werden konnten.

Mitte der 1980er Jahre erwirbt der junge Fotograf Marc-André Hubin eine 220 Quadratmeter große Wohnung in der Pariser Avenue Foch. Er besitzt einige schöne Objekte aus den 1950er Jahren und er sammelt Möbel von Carlo Mollino, aber er hat keine Lust, in einem Museum zu leben. Statt durch den Louvre, schlendert man in jenen Tagen lieber durch Galerien und Boutiquen, besucht Cafés und Partys. Die Spaßgesellschaft feiert sich, ist süchtig nach Unterhaltung. Designer, Filmemacher, Fotografen und andere Kunstschaffende überschwemmen mit ihren Bildinszenierungen Medien und Straßen. Endlich könne man unbeschwert vorwärts gehen, jubelt Ettore Sottsass, der Guru der Design-Gruppe Memphis, weil die Angst vor der Vergangenheit überwunden sei. Dann wollen wir mal, sagt sich Marc-André Hubin, der in Mailand einen wirklich ungewöhnlichen Tisch erstanden hatte: Seine Platte gleicht einer Plastiklache in Rot, Grün und Weiß, und die vier Beine sehen aus, als seien sie aus dem Tritt geraten. Bei Cassina, wo dieser Prototyp ausgestellt wurde, lernte der Kunde den Designer kennen. Eine Begegnung mit Folgen, wie sich herausstellen sollte. Hubin

Eine rechteckige Aussparung gibt den Blick auf das Schlafzimmer frei, das dadurch wie ein Gemälde wirkt. Hinter der prallen Bettdecke ist eine große Standuhr zu sehen. Bei Bedarf kann ein stählernes Garagentor als Sichtschutz heruntergelassen werden.

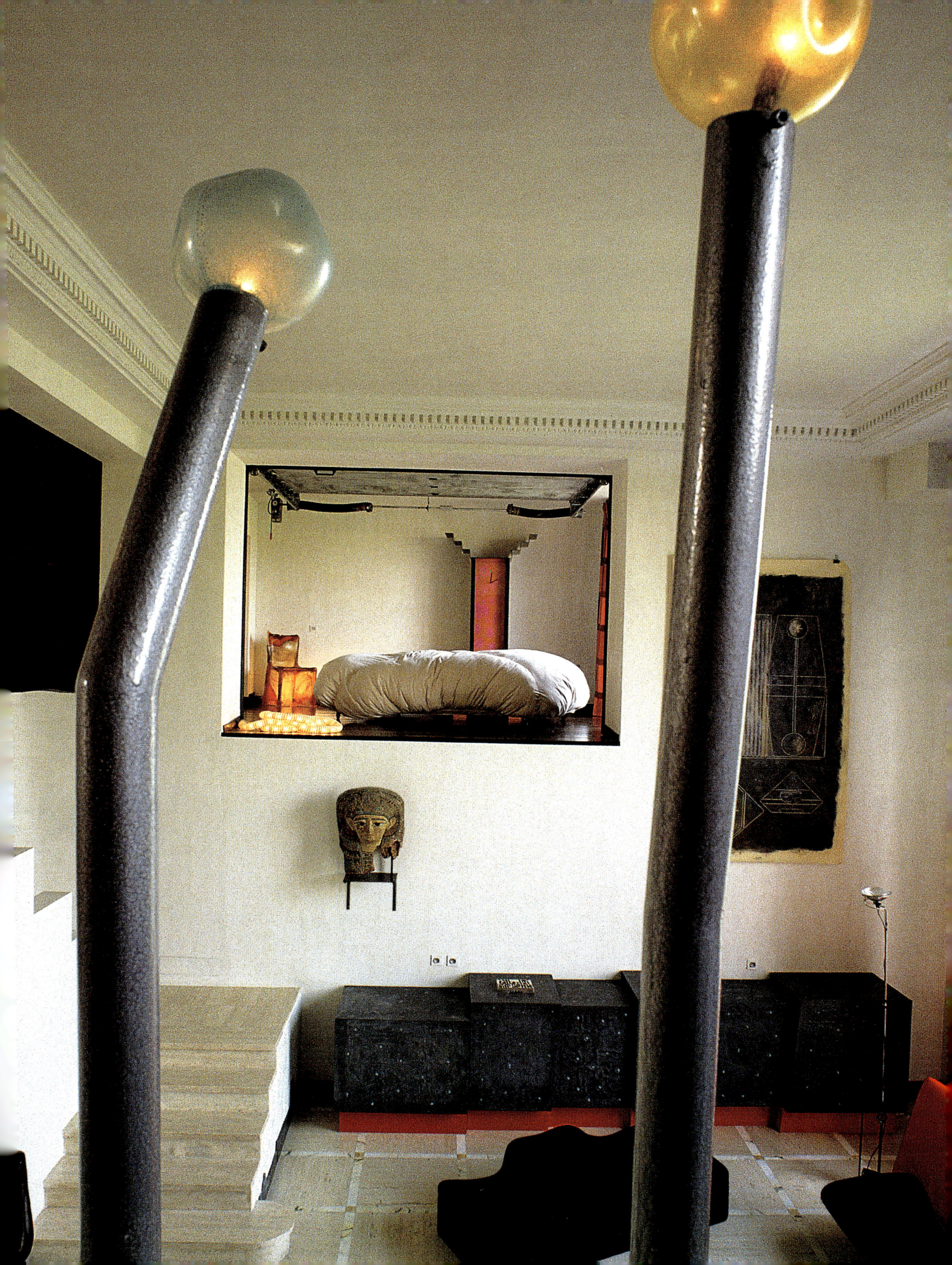

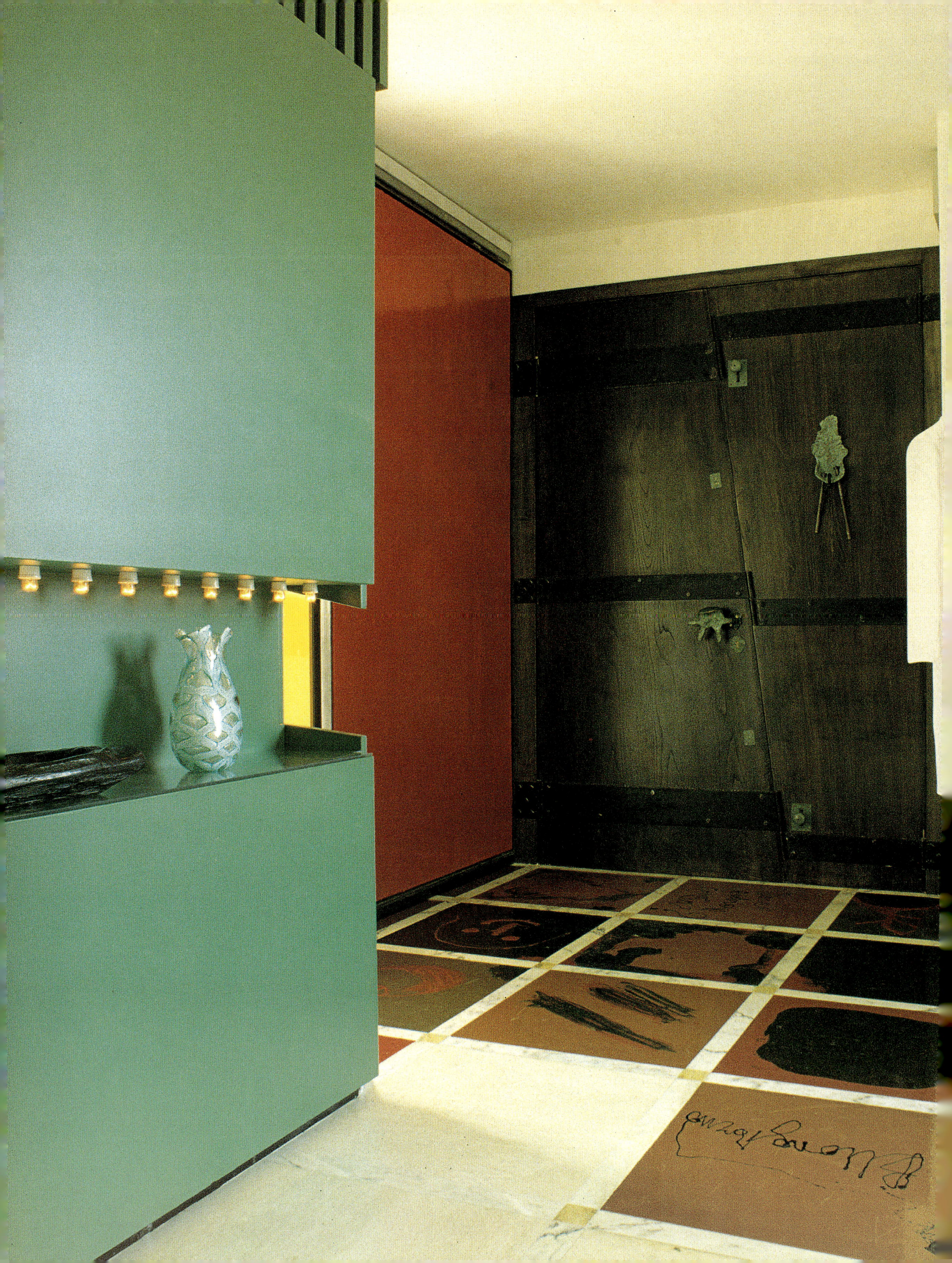

Gaetano Pesce hat alles, vom Entwurf bis zur Einrichtung, selbst in die Hand genommen und sich für die Räume originelle Lösungen ausgedacht. Teile der Wand neben dem Eingang sehen absichtlich schadhaft aus und wurden mit schwarzem Lack gestrichen. Die Bodenfliesen sind aus Harz; jede hat ein anderes Muster (links). *Ein Harztisch mit asymmetrischen Beinen, hergestellt von Cassina (ganz oben), und eine handförmige Tür (oben).*

beauftragte Gaetano Pesce mit der kompletten Einrichtung seines aus drei Wohnebenen bestehenden Appartements Avenue Foch. Er ließ Pesce vollkommen freie Hand und drückte ihm einen Blankoscheck in dieselbe.

Pesce, ein erbitterter Gegner des sich auf das Elementare beschränkenden Rationalismus der 1960er Jahre und jeglicher Serienanfertigungen, deren mangelnde Individualität er als trostlos empfindet, predigt unermüdlich, dass Vielfalt lebenswichtig sei. Er entwirft die Theorie vom »alternativen« Design, lässt sich furchtlos auf neue Verfahren, Formen und Materialien ein. Deshalb kann man ihm auch kaum den Vorwurf der Nostalgie machen, wenn er dem Persönlichen den Vorzug vor dem Allgemeinen gibt und für die Integration einer gefühlsbetonten Komponente in den Schaffensprozess eintritt.

Für den Architekten mit dem Hang zur Provokation stellte Hubins Wohnung eine einzigartige Gelegenheit dar, seiner Fantasie freien Lauf zu lassen. Und die Theorien, die er in Straßburg, Mailand, Sao Paulo und New York, wo er seit 1983 lebte, gelehrt hatte, in die Praxis umzusetzen.

Die Arbeiten dauerten zwei Jahre. 1987 konnte Marc-André Hubin seine mit erlesenen Möbeln ausgestattete Wohnung beziehen: jenen, die Gaetano Pesce für ihn entworfen und in Venedig, wo er studiert hatte, hatte anfertigen lassen, und jenen von Carlo Mollino, die er bereits besessen hatte, schön geschwungene Meisterwerke. Am beeindruckendsten aber dürfte die bühnenhafte Raumgestaltung gewesen sein: ein übergroßer offener Kamin in Form einer Maske, in deren Mund das Feuer brennt; eine von Schiffbauern angefertigte handförmige Tür; mit schwarzem Lack sowie mit Stahl und Zink verkleidete Wände; ein Schlafzimmer, das in seiner rechteckigen Mauerausparung über einer Treppe wie ein Gemälde wirkt; ein mit unregelmäßigen Motiven akzentuierter Plastikfußboden; leuchtende Kugeln aus mundgeblasenem Glas, Meisterwerke venezianischer Handwerkskunst, die auf flexiblen Metallstängeln die Bibliothek einrahmen.

Eine Luxuswohnung im Stil der 1930er Jahre zu einem Manifest visionären Designs umzugestalten, setzte ein außergewöhnliches Verhältnis zwischen Künstler und Kunde voraus. So wurden Entscheidungen, Ambitionen und Risiken denn auch gemeinsam getragen.

Blick vom Schlafzimmer auf das Zwischengeschoss. Ein »Geländer« aus leuchtenden Glaskugeln auf biegsamen Stahlstängeln umgibt die Bibliothek. Darunter die Wohnebene mit dem Kamin, der wie ein Gesicht gestaltet ist. Die wenigen Möbel – einige Stühle und Tische –, die nicht von Pesce stammen, sind von Carlo Mollino, einem Designer der 1940er Jahre, dessen Stücke Marc-André Hubin sammelte.

GILBERT & GEORGE

BESCHAULICHES UND REVOLUTIONÄRES IN EINEM LONDONER HAUS

Das doppelte G

Was ist das: Es spricht aus einem Mund und signiert mit zwei Namen? Die Antwort lautet: das englische Künstlerpaar Gilbert und George. Das beschauliche, friedvolle Interieur ihres Hauses steht in seltsamem Widerspruch zu ihren rebellischen Absichten: »Wir wollen, dass das Bild den Betrachter förmlich anschreit ..., dass die Leute von unseren Gemälden aufgewühlt, dass sie danach nie mehr die Gleichen sein werden.«

Ob das tatsächlich der Fall ist, sei dahingestellt, eines jedoch ist sicher: Eine Reaktion ruft die aus einer Fusion entstandene Sammlung, die 1997 im Pariser Musée d'Art moderne ausgestellt wurde, auf jeden Fall im Betrachter hervor. Anhand von 120 Exponaten ließ sich die Entwicklung eines fast dreißigjährigen Schaffensprozesses verfolgen.

Gilbert und George lernten sich 1967 an der Londoner St. Martin's School kennen, wo sie Bildhauerei studierten. Sie befanden sich beide in einem Stadium der Latenz und der Ungeduld: »Jeder von uns fühlte sich unvollständig. Wir brauchten einander ... Wir können mit uns allein sein, was gibt es Schöneres?« Dann sind sie also glücklich? In jedem Fall aber reich und berühmt. Konstant und unverzichtbar.

Die Wurzeln ihrer Berühmtheit reichen in das Jahr 1969 zurück, als sie beide mit bronzefarben geschminkten Gesichtern und in enge Anzüge gezwängt, die ihre Berufskleidung werden sollten, auf ein Podium stiegen, alberne Schlager sangen und sich dazu bewegten wie Roboter. Diese »lebenden Skulpturen« waren Teil einer Performance und der erste Schritt auf dem Weg zu ihrem Ziel: Subjekt und Objekt ihres Werks zu sein, Foto und Gemälde in einem. »Wir stehen nicht vor der Leinwand, wir sind die Leinwand.«

In ihrem Haus in der Londoner Fournier Street, in einem armen, gemischtrassigen Viertel, hängt nicht ein einziges ihrer Bilder. Sie hatten zunächst das Erdgeschoss gemietet, und als sie es sich leisten konnten, kauften sie das ganze Haus.

Gilbert und George sammeln unter anderem Keramiken aus dem ausgehenden 19. Jahrhundert.
Sie haben eine besondere Vorliebe für die verschwenderischen Dekore von Sir Edmund Elton.
Auch die Wandschränke sind angefüllt mit Vasen.

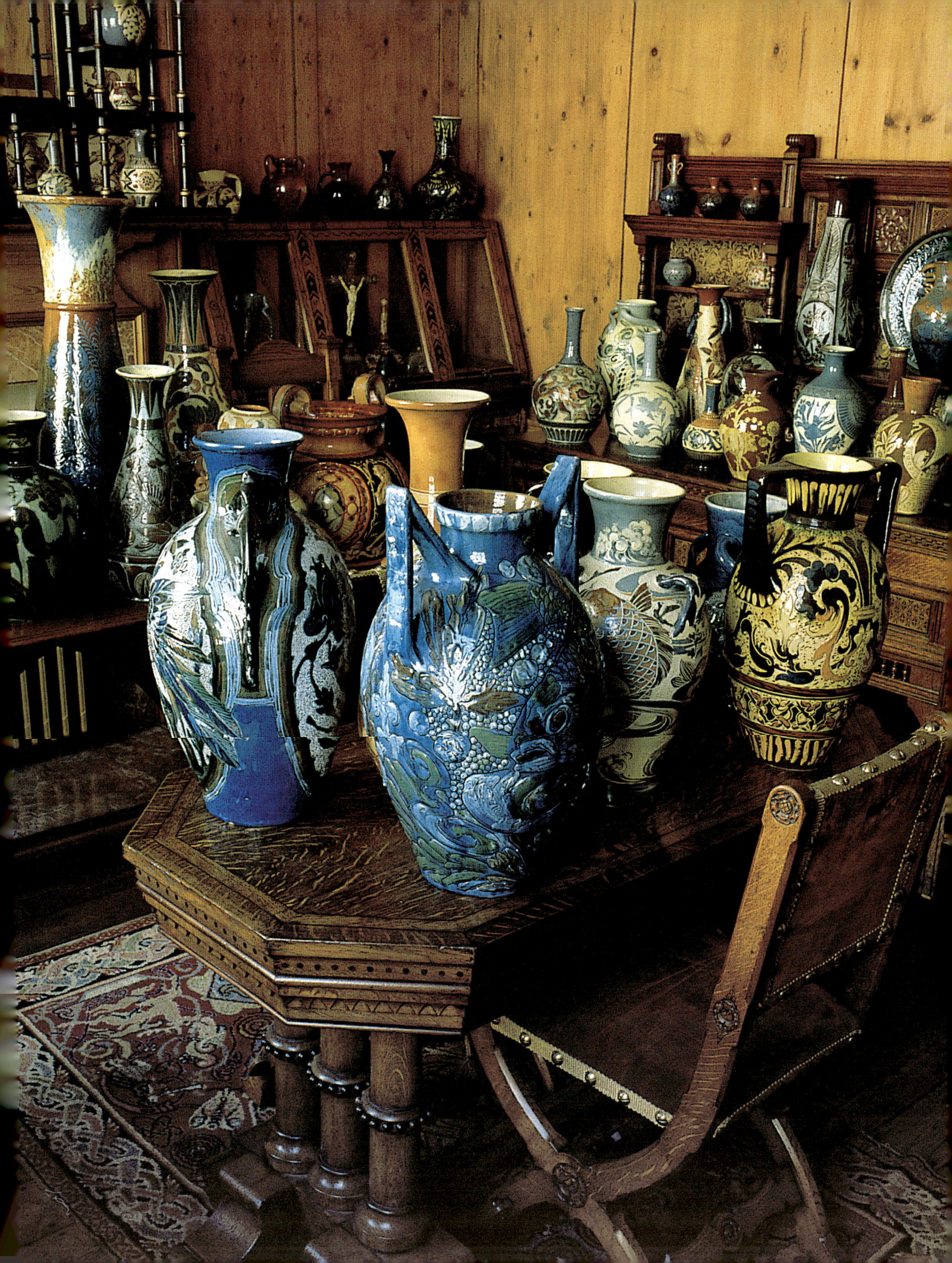

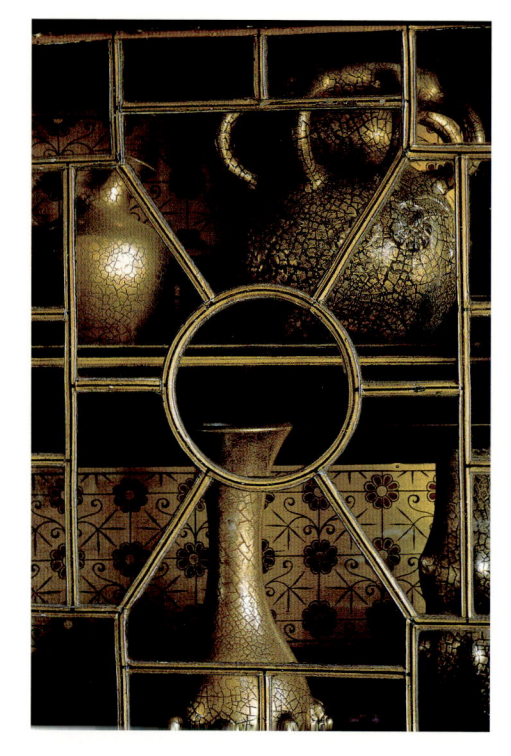

Ein schlichter Fernseher (oben), in einer Ecke versteckt, ist das einzig Moderne im Salon.

Möbel, Gemälde, Zierrat – alles ist antik. Das Bildnis des jungen Mannes aus dem 16. Jahrhundert (Bild Mitte) *und die romantische Landschaft* (links) *mit dem Titel* Les Remparts flamboyants du monde *gehören zu den Lieblingswerken des Paares.*

»Wir sind ständig auf der Suche nach neuen Verfahren zur Bildbearbeitung, um die Bilder eindrücklicher und aggressiver zu gestalten, sie aber auch einem breiteren Publikum zugänglich zu machen.« Sie haben sich eigens zu diesem Zweck zwei hypermoderne Ateliers hinter dem Haus eingerichtet. Das Haus selbst ist das Gleiche geblieben, das es im 18. Jahrhundert war, als es von Hugenotten bewohnt wurde. Holz ist allgegenwärtig, und das riecht man: Gilbert und George lassen es sich nicht nehmen, die abgebeizten Täfelungen und Verkleidungen selbst zu wachsen. Man kann das Holz übrigens auch hören: Die Treppenstufen knarren beträchtlich.

Die Möbel aus massivem Holz, gediegene handwerkliche Arbeiten im Stil des Arts and Crafts, einer Richtung, die im 19. Jahrhundert als Gegenbewegung zur industriellen Massenproduktion entstand, sind für die kleinen Zimmer fast zu wuchtig. Aber die Bewegungsfreiheit ist ohnehin eingeschränkt durch die Sammlung von Keramiken aus dem 19. Jahrhundert, darunter hunderte Vasen von Sir Edmund Elton, einem exzentrischen Aristokraten, die jeden freien Platz und jeden Schrank füllen. Andere Stücke stammen aus dem Atelier von Christopher Dresser, der in Frankreich vor allem für seine Metallkreationen, die Christofle neu herausgebracht hat, bekannt ist.

Ein Salon im obersten Stock beherbergt edelsteinbesetzte Kirchenleuchter. Die wenigen

62 ExtraVagant

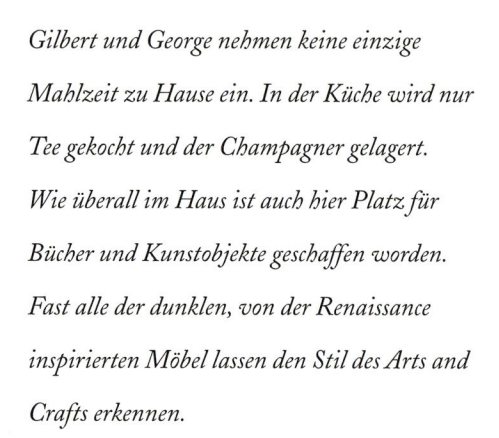

Gilbert und George nehmen keine einzige Mahlzeit zu Hause ein. In der Küche wird nur Tee gekocht und der Champagner gelagert. Wie überall im Haus ist auch hier Platz für Bücher und Kunstobjekte geschaffen worden. Fast alle der dunklen, von der Renaissance inspirierten Möbel lassen den Stil des Arts and Crafts erkennen.

Gemälde sind ausnahmslos alte Meister. Das einzige moderne Element ist der Fernseher und das einzige Haushaltsgerät ein Wasserkessel. Gilbert und George nehmen sämtliche Mahlzeiten im Restaurant ein, seit dreißig Jahren im selben, und trinken zu Hause nur Tee, löslichen Kaffee sowie Champagner der Marke Ruinart, den sie sowohl seines Namens als auch seiner Bläschen wegen ausgesucht haben.

Schwer vorstellbar, dass dieses anachronistische, fast zu einem Stillleben erstarrte Interieur von zwei Künstlern bewohnt wird, die zu den provokantesten des 20. Jahrhunderts zählen. Soll man das Dekor als Ausdruck verborgener Leidenschaften verstehen? Als eine Art Protest gegen den vorherrschenden Geschmack oder als Inszenierung zur bewussten Irreführung? »Alle Gemälde zusammen erzählen eine Geschichte. Eines Tages wird ein letztes Bild von G & G hinzukommen. Dann wird man die ganze Geschichte lesen können.« Warten wir es ab. Vielleicht wird die Zukunft zeigen, was sich hinter dem doppelten G verbarg.

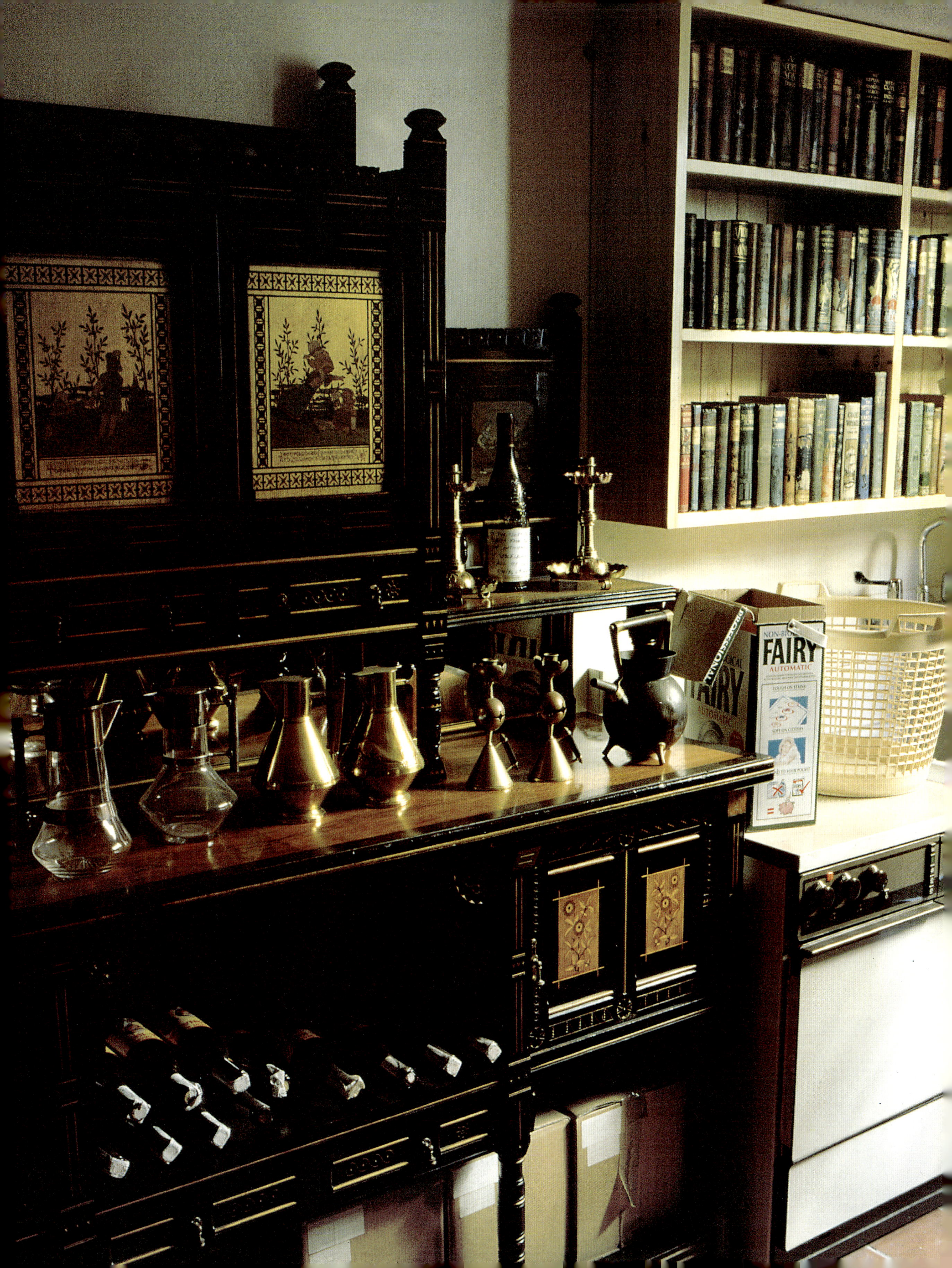
FAIRY
AUTOMATIC

Marco de Gueltzl

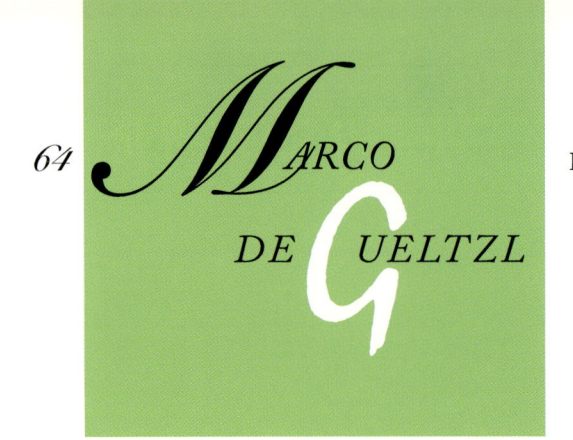

DER SPIEGELPALAST EINES DESIGNERS DER 1980ER JAHRE

Die Durchquerung der Transparenz

Zu Beginn der 1980er Jahre traf Marco de Gueltzl in Paris ein. Zwanzig Jahre alt und gerade aus dem Ausland, dem sonnigen Kalifornien, zurückgekehrt. Er hatte die Zeit in der Fremde gut genutzt. Nachdem er seine französische Heimatstadt Roanne, ohne einen Pfennig oder das Abitur in der Tasche zu haben, verlassen hatte, war er nach Los Angeles gegangen und hatte an der Otis Parson's School studiert. Er machte sich mit handwerklichen Techniken vertraut und hatte außerdem eine Idee, die seiner Karriere auf die Sprünge helfen sollte: Er tränkte T-Shirts in Harz und verwandelte sie in Lampenschirme. Das war bravourös. Und ingeniös. Aber auch strapaziös. Es dauerte nicht lange, da ließ er die T-Shirts, die er stapelweise gekauft hatte, liegen, und stellte aus allen möglichen Dingen Plastiken und Leuchtobjekte aus Harz her. Das trug ihm seine erste Ausstellung im Museum of Contemporary Art in Los Angeles ein. Und wenig später in Frankreich ein Angebot, das dafür sorgte, dass die Medien werbewirksam über sein Talent berichteten: die Ausstattung der Pariser *Bains-Douches*, eines öffentlichen Bades.

Aber noch bevor er in der Pariser Szene auftauchen sollte, entdeckte er das Glas. Er besorgt es sich von der Müllkippe, schneidet es, schleift es und montiert es zu extravaganten Gebilden, die von Eisendraht zusammengehalten oder eingerahmt werden. Schon sind die Galeristen zur Stelle: Yves Gastou, Néotu, En attendant les barbares. Und die Sammler, die Objekte von Marco de Gueltzl als Gedichte aus Glas bejubeln.

Abgesehen von einem Stuhl und einem Leuchter, die in kleinen Serien aufgelegt wurden, handelt es sich bei seinen Werken immer um Unikate. Sehr teuer, aber märchenhaft. Während seine Zeitgenossen Tom Dixon, André Dubreuil und Mark Brazier-Jones sich Metall, Hammer und Amboss teilen, bricht Marco de Gueltzl ganz allein auf, sein Fantasiereich zu erobern. Sein Stern, der Polarstern, weist ihm den Weg. Und so lässt er sich zum Eispalast

Wie ein Eispalast wirkt das Badezimmer (rechts). *Im Esszimmer (folgende Doppelseite) wurden nur Glas und Eisen verwendet. Einen weichen Kontrast bilden die kunstvoll drapierten Seidenvorhänge.*

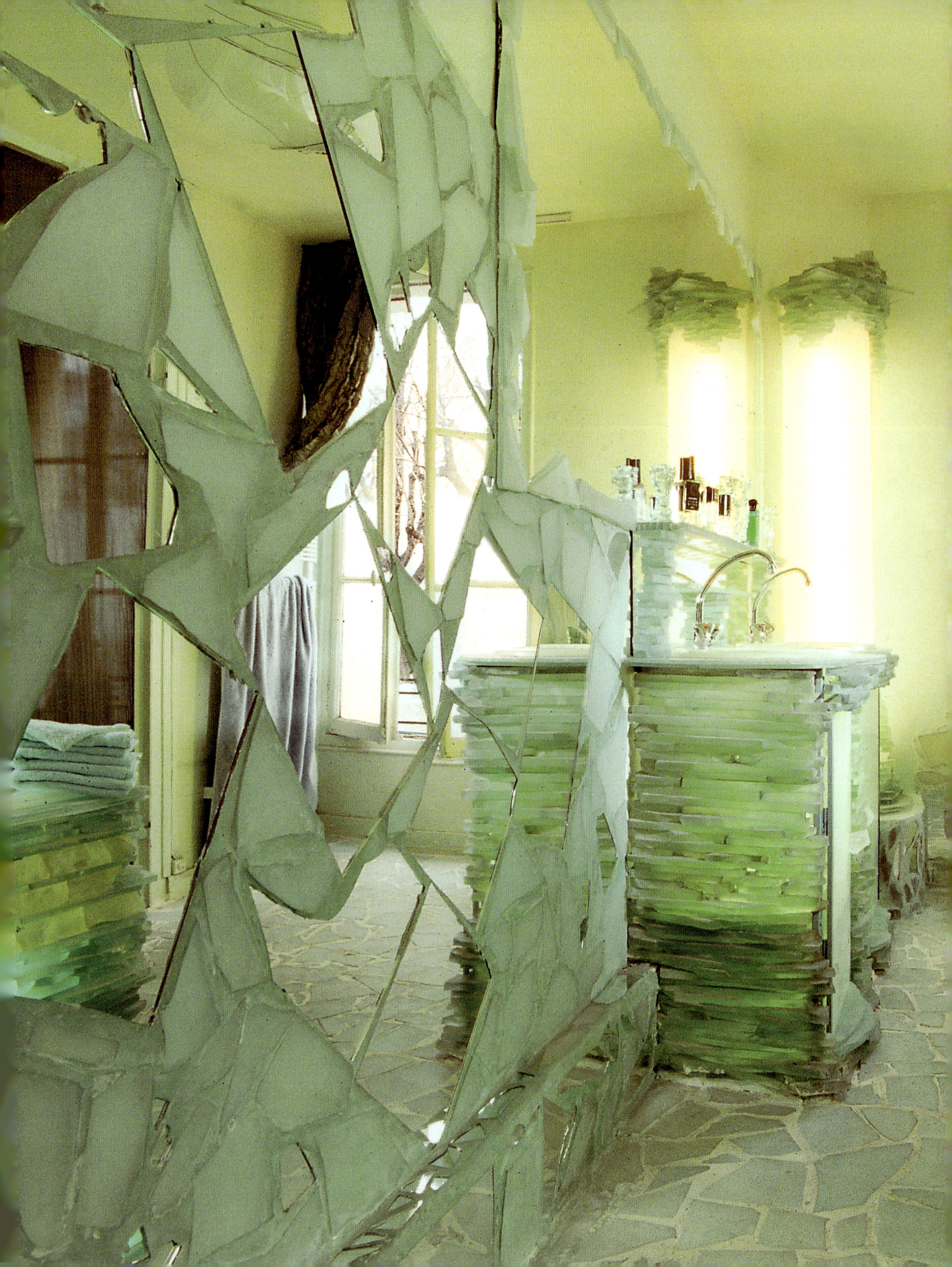

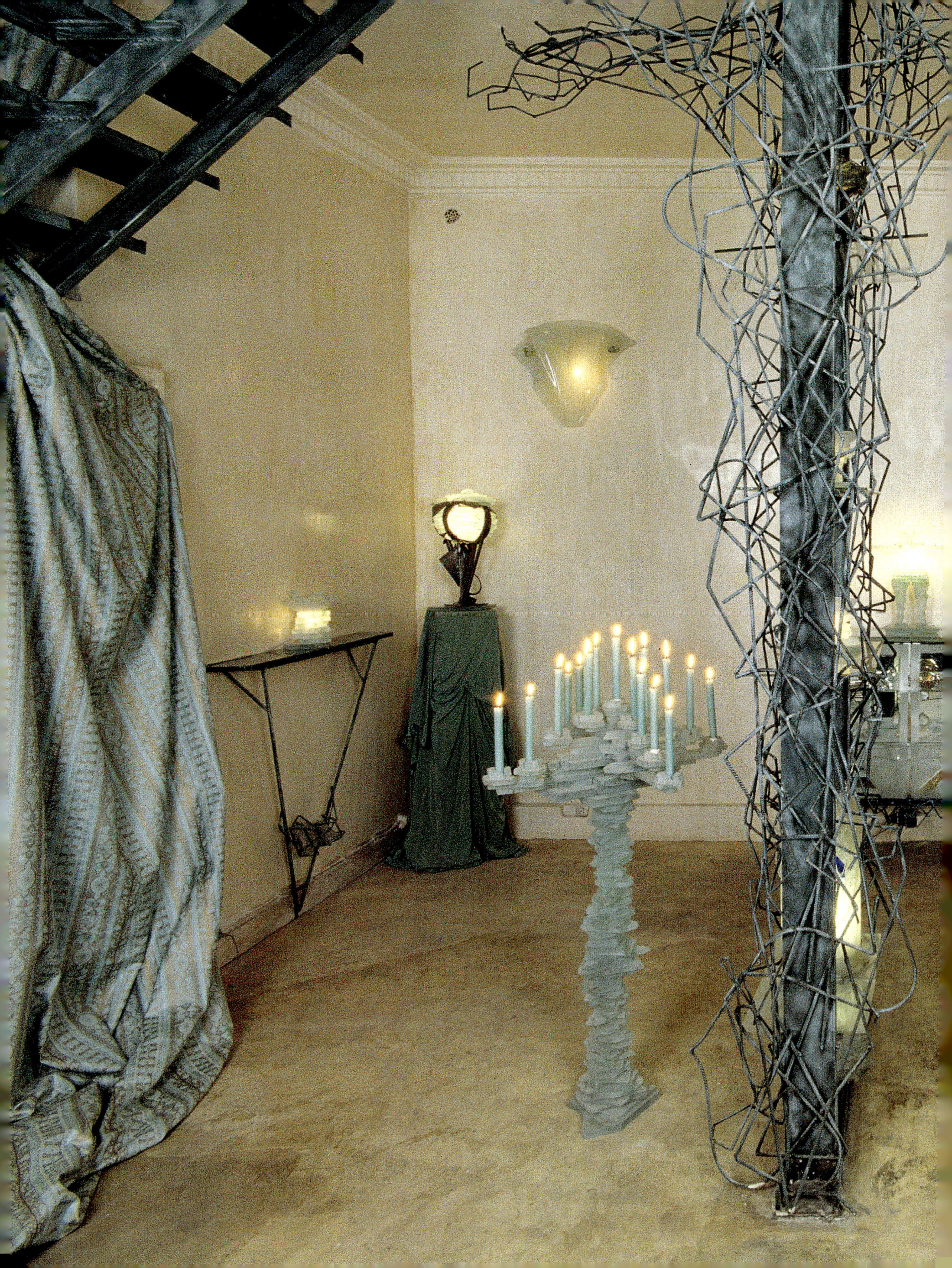

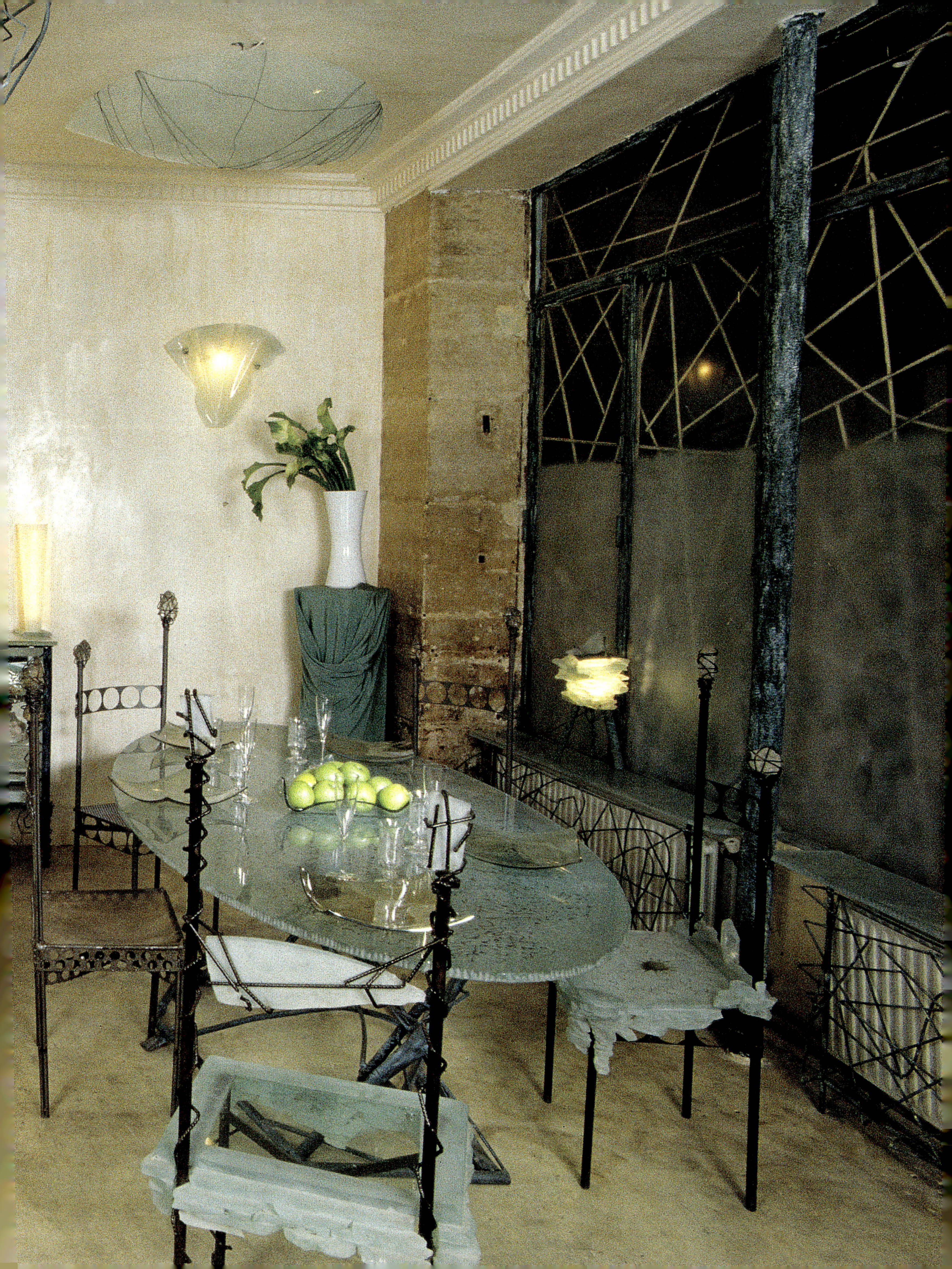

68 ExtraVagant

führen, zum versteinerten Wald und zum kristallenen Schlupfwinkel. Sein Badezimmer ist ein Beispiel dafür, wie Inspiration und Material sich gegenseitig beeinflussen.

Tische, Stühle, Kandelaber, Regale, ja sogar Kamin und Treppe: Glas ist allgegenwärtig in seiner Wohnung am Quai de Jemmapes. Eine unwirkliche Atmosphäre herrscht hier. Lediglich das Schlafzimmer bildet eine Ausnahme: Hier wird mit Erwartungen und mit Illusionen gespielt. Die in makellosem Faltenwurf erstarrte Stoffdekoration rings um den Spiegel, der Raum und Fenster doppelt so groß erscheinen lässt, ist aus Gips. Die Vorhänge dagegen sind aus Samt. Marco de Gueltzl hat keine Zeit, hier auf der faulen Haut zu liegen. Im Erdgeschoss des Hauses hat er sein Atelier eingerichtet. Das voll ist mit Skizzen, Entwürfen, Projektplanungen, Aufträgen in Arbeit. Einige werden nie fertig gestellt werden: 1992 überquert der Herr des Glases im Alter von nur 33 Jahren die unsichtbare Grenze in eine andere Welt, die noch fantastischer ist, als seine gläsernen Träume es waren.

Blick ins Esszimmer (S. 68 links). *Zwischen dem Spiegel mit Eisendrahtrahmen und einem Tisch, der aus einer mit Säure bearbeiteten Glasplatte entstand, ein Porträt von Marco de Gueltzl* (S. 68 rechts). *Kamin und Stehleuchte sind von ihm* (diese Seite oben), *Gemälde und Plastiken von Fabrice Langlade. Sessel und Sofa sind aus patiniertem Leder.*

Tom Dixon
EIN ENGLISCHER DESIGNER VON WELTRUF

Kreative Wiederverwertung

Es waren einmal drei mittellose junge Männer namens André Dubreuil, Mark Brazier-Jones und Tom Dixon. Sie teilten sich ein baufälliges Atelier in London und suchten auf Müllkippen nach wieder verwertbaren Materialien. Nicht im Traum wäre einem von ihnen der Gedanke gekommen, dass sie eines Tages ein neues Kapitel in der Geschichte der angewandten Kunst schreiben würden. Auch Tom Dixon nicht, mit Jahrgang 1959 der Jüngste, ein autodidaktischer Punk, der zur gleichen Zeit wie Ron Arad und andere »Brutalisten« eine Karriere als Metallverbeuler begonnen hatte, nachdem er zuvor Veranstalter von Rave-Partys gewesen war. Diese »jungen Wilden«, wenn man das Trio so bezeichnen kann, gaben einer Richtung der modernen Architektur, die den Baustoff in seiner Ursprünglichkeit und Rohheit betont, ihren Namen.

Seine ersten Objekte fertigte Tom Dixon aus Schöpflöffeln, Bratpfannen und Fahrradlenkern an. Jedes Stück war eine Einzelanfertigung, ein Mittelding zwischen Plastik und Bastelarbeit, was so ungewöhnlich war, dass sich avantgardistische Galeristen für den neuen Trend interessierten. Danach entwarf er einen S-förmigen Stuhl, von dem er fünfzig Prototypen herstellte: aus Rohr, Weide, Papier, Kupfer und Altreifen. Die Firma Cappellini kaufte das Modell und produzierte es in Serie. Seitdem kann das S in Museen auf der ganzen Welt besichtigt werden, z. B. im Vitra Design Museum in Weil am Rhein, wo es seinen Platz neben den Werken von Josef Hoffmann, Charles Eames oder Shiro Kuramata hat.

Tom Dixon ist heute ein Designer von Weltruf. Seine Möbel werden von Cappellini herausgebracht, seine Glasobjekte von Salviati, seine Beleuchtungskörper von Magis. Und Habitat hat ihm vor zwei Jahren die künstlerische Leitung des Unternehmens übertragen. Dixon soll der Firma, lange Zeit Marktführer in der Sparte zeitgenössische angewandte Kunst, die realistisch und erschwinglich zugleich ist, wieder zu gefüllten Auftragsbüchern verhelfen.

Auf einen Sekretär im Stil des französischen Kunsttischlers A.C. Boulle – einem Familienerbstück – hat Tom Dixon zwei von ihm selbst entworfene stählerne Kerzenhalter gestellt. Die Mauer dahinter ist mit einem Puzzle aus Marmorplatten verkleidet worden.

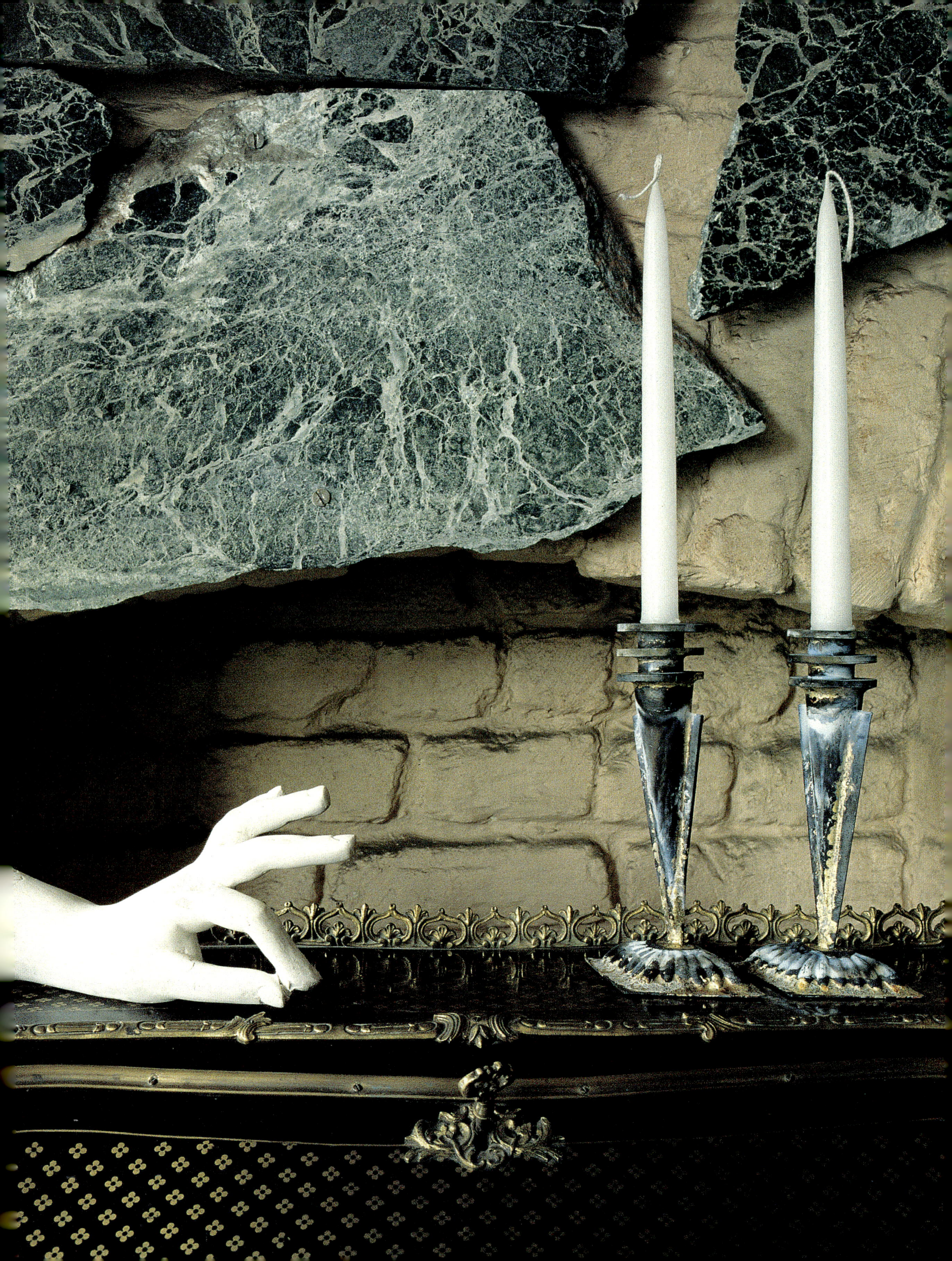

72 ExtraVagant

Ein Blick ins Wohnzimmer: Rings um den Glastisch aus den 1960er Jahren stehen Dixons berühmte s-line-chairs.

Er hat natürlich jungen Künstlern eine Chance gegeben, den Brüdern Bouroullec etwa oder Lisa Norrinder, aber die Stars der Kollektion 2001 sind die Altmeister des 20. Jahrhunderts: Jean Prouvé (1901–1984), Isamu Noguchi (1904–1988) sowie Achille Castigliani und Ettore Sottsass, beide in den Achtzigern. Und nach Dixons Ansicht unübertroffen in puncto Freiheit und Modernität.

Wenn er einmal die Zeit gefunden haben wird, sein Traumhaus zu bauen, weiß Tom Dixon jedenfalls, wo er die passenden Möbel dafür findet.

Eine schmiedeeiserne Arabeske und ein Strohhuhn, daneben zwei Metallstühle von Dixon (ganz oben). *Eine mit Halbkugeln verzierte eiserne Kuchenplatte auf einem Nierentisch* (oben links). *Und Tom Dixon in seinem alten Jaguar.*

André Dubreuil

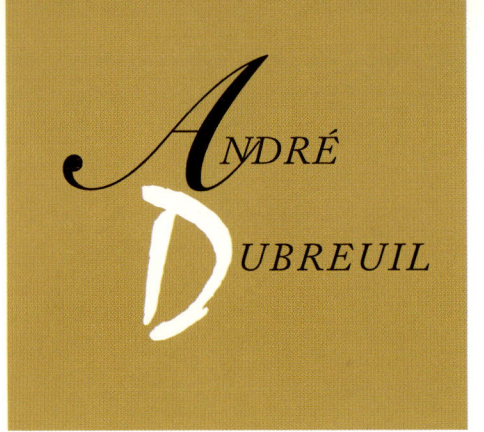

DER NACHFOLGER DER GROSSEN EBENISTEN

Sammlerstücke

»Heute«, meint André Dubreuil, »hätte ich gar nicht das Geld, mir eines von meinen eigenen Möbeln kaufen zu können.« Vielleicht auch nicht die Geduld: Ein Möbel von Dubreuil erwirbt man nicht einfach, man bestellt es, man wartet und hofft, man verdient es sich. Nicht jeder bekommt eines. Ob Konsoltisch, Schreibtisch oder Kommode: Nur etwa acht Objekte werden pro Jahr im Atelier des Künstlers und Handwerkers und seiner sechs Assistenten hergestellt. Dubreuil hat sich seine Werkstatt in einer ehemaligen Schäferei eingerichtet, nur einen Steinwurf von dem Wohnhaus zwischen Angoulême und Périgueux entfernt, in das er sich vor zehn Jahren zurückgezogen hat. Hier, in ländlicher Abgeschiedenheit und völliger Einsamkeit, lebt er ganz für seine Arbeit. Sie füllt ihn aus, macht ihn glücklich, frisst ihn zugleich aber auf: »Deshalb geize ich sehr mit meiner Zeit.« Das erklärt vielleicht auch sein zwanghaftes Sammeln von Standuhren – er besitzt über zwanzig Stück, die er hegt und pflegt – und seine Entscheidung fürs Junggesellendasein. »Ich hasse Terminkalender, Menschenmengen, Lärm, und ich möchte niemandem dieses Einsiedlerleben ohne Ferien oder Zerstreuungen zumuten.«

Bevor seine Arbeiten berühmt und unerschwinglich wurden, fertigte André Dubreuil zum Glück noch einige Möbel für den Eigenbedarf an. Und sorgte für ein paar Erinnerungen. Er lebte seinerzeit in London, wo er gemeinsam mit Tom Dixon und Mark Brazier-Jones das Eisen, den Schweißapparat und das aufregende Vergnügen entdeckte, einen Beruf nach Maß für sich zu erfinden. Das war Mitte der 1980er Jahre, und Dubreuil hatte zu der Zeit bereits mehrere Leben gelebt.

Nach dem Abschluss an der Inchbald School of Design wird er Dekorateur. Dann Antiquitätenhändler. Von einer Italienreise bringt er die Leidenschaft für die Trompe-l'œil-Malerei zurück, die er bald virtuos beherrschen sollte. Was ihm eine Flut von Aufträgen

Ein wunderschön geschwungener Eisentisch von André Dubreuil. Dahinter die Reproduktion einer Sibylle von Michelangelo. Eine barocke Récamiere von Mark Brazier-Jones (folgende Doppelseite); rechts ein Beistelltisch von Tom Dixon. Die Wandleuchter sind von Dubreuil.

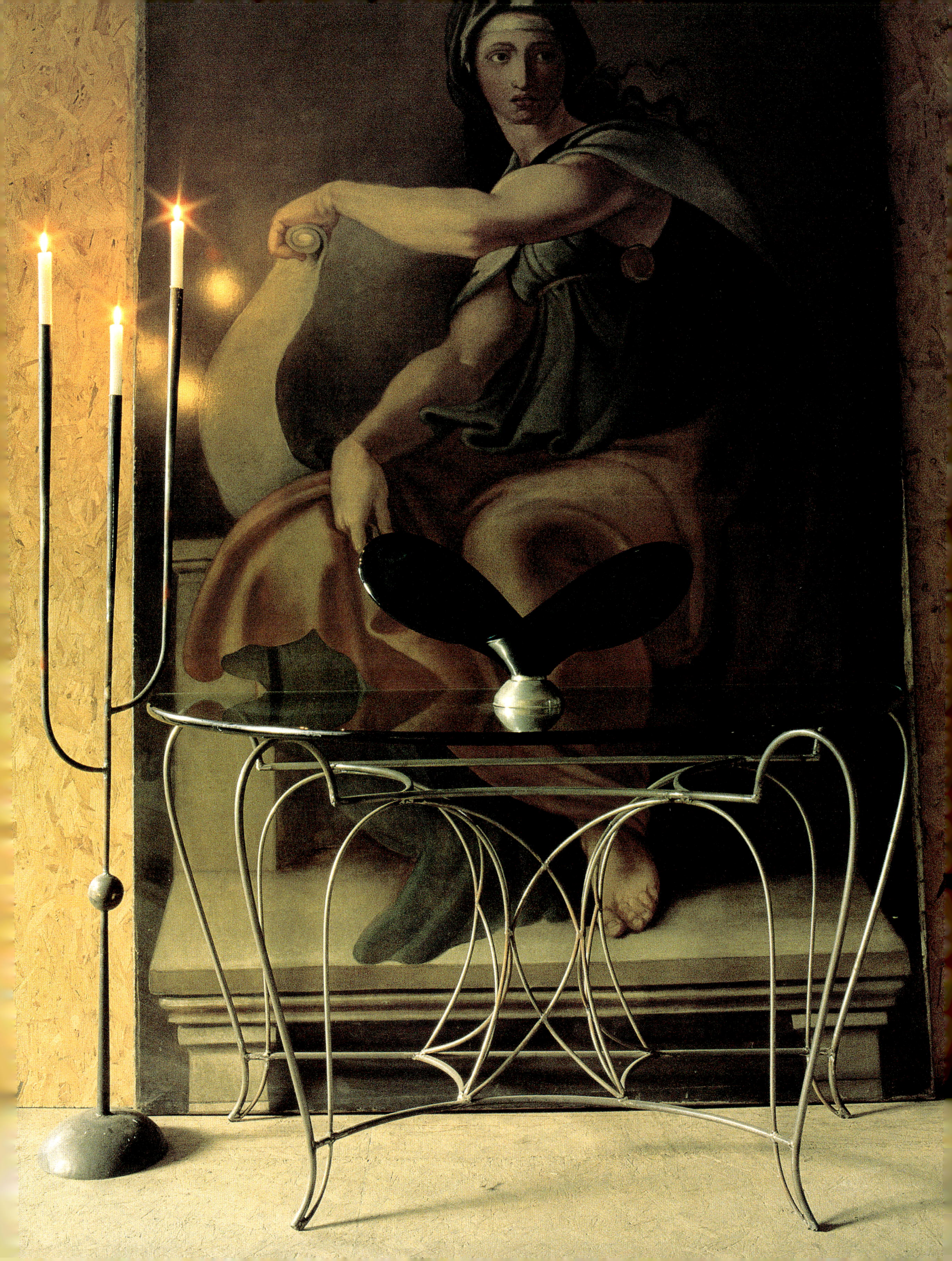

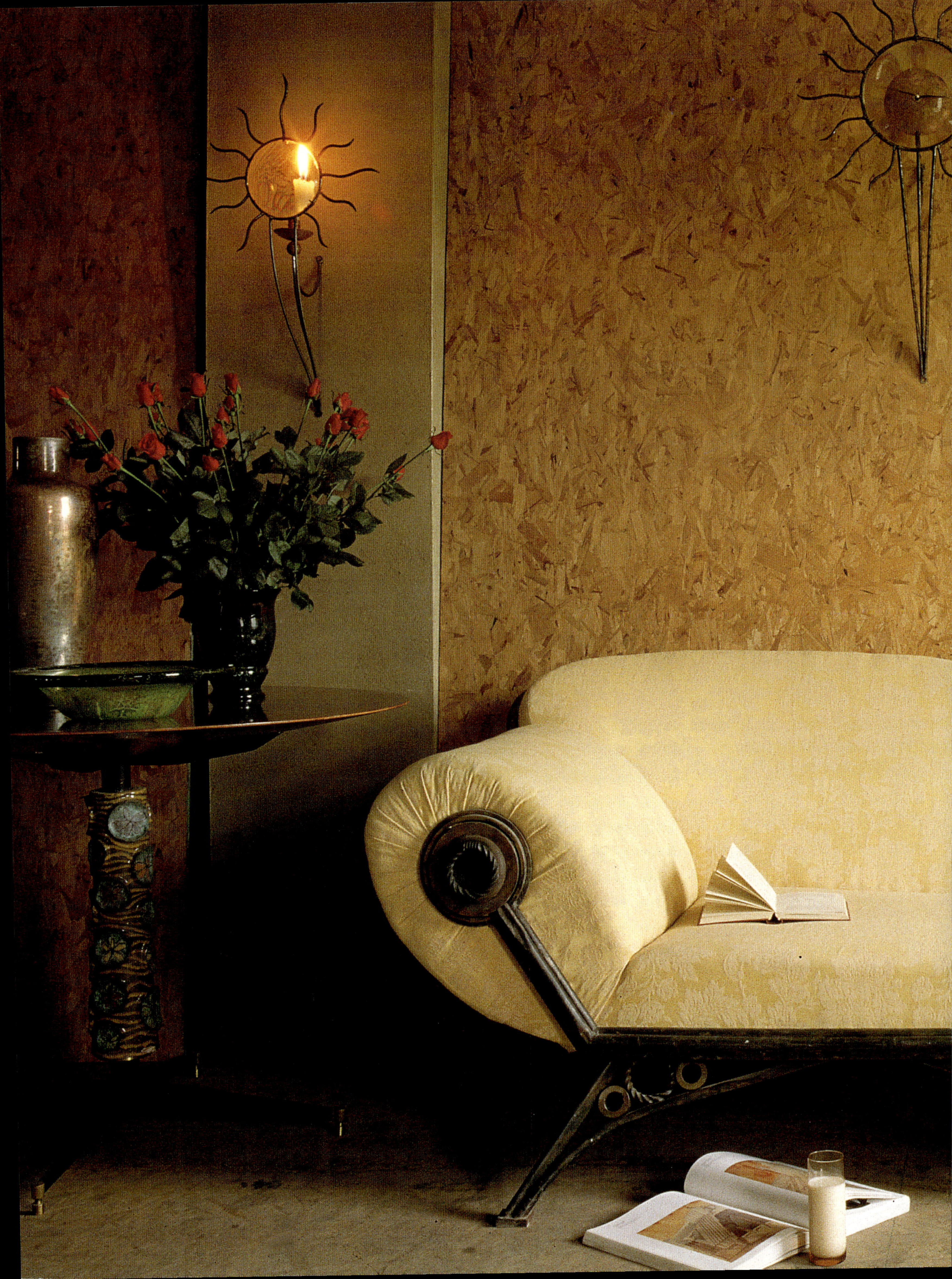

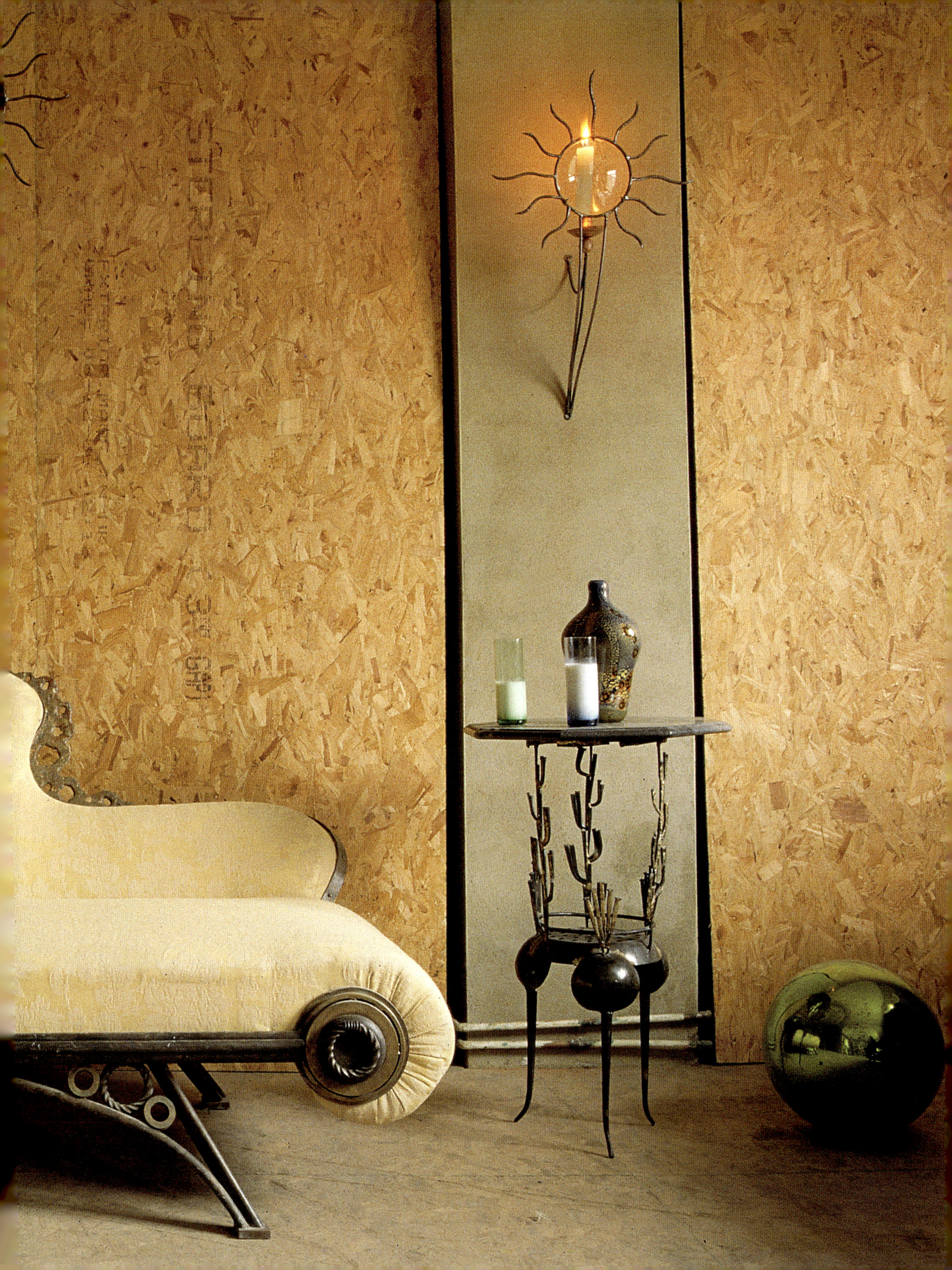

78 ExtraVagant

beschert. Doch mit dem Erfolg stellt sich auch die Langeweile ein. Die Kunden verlangen nämlich alle das Gleiche: Ruinen, Säulengänge, das Kolosseum auf der Esszimmerwand. André hat das Gefühl, sich im Kreis zu drehen. Er ist reif für das Abenteuer und der Zufall führt beide zusammen. Als er seinem Freund Tom Dixon zur Hand geht und sieht, wie der das Eisen schweißt, biegt und faltet, beschließt er, den Absprung zu wagen. Hals über Kopf, wie er sagt. Aber es steckt eine Menge in diesem Kopf. Dubreuil kennt sämtliche Möbelstile in- und auswendig, kann aus dem Gedächtnis jeden Villenentwurf Andrea Palladios nachzeichnen und hat bereits ein Dreigestirn von ihm verehrter Meister ausgewählt: Ettore Bugatti, Carlo Mollino, Giò Ponti. Inzwischen nennt er einige ihrer Kreationen sein Eigen. Obwohl sein Pantheon von italienischen Göttern des Designs bevölkert wird, ist Dubreuils Werk dennoch eher in die Tradition der großen französischen Kunsttischler einzuordnen. Seine Kommoden aus patiniertem Kupfer, seine perlmuttinkrustierten Tische, seine Bergkristallwandleuchten erinnern an die Marketerien von André Charles Boulle oder Adam Weisweiler. Die Formen könnten von Guimard, Rateau oder Printz entlehnt sein, aber die Wahl der Materialien und die reiche Ornamentik spiegeln seinen ganz persönlichen Stil wider. So wie die häufig anzutreffende Kombination von üppigen Rundungen und scharfen Spitzen. »Das ist meine Version von Gut und Böse«, bekennt er. Und beider Koexistenz möchte er vermutlich dadurch ermöglichen, dass er die liebe Glückseligkeit durch einen gelegentlichen Piekser am Einschlafen hindert.

Das Böse, das sind für André Dubreuil nicht nur die klassischen Verbrechen wie Gewalttaten oder Verrat, sondern auch die Mode und jene, die, vom Kauffieber infiziert, ihr blindlings folgen. Das Böse, das ist auch dumme Versnobtheit und Arroganz. Und Eitelkeit. Er signiert seine Werke grundsätzlich nicht. Die Baumeister der Kathedralen taten das schließlich auch nicht. Und sogar die Sammler, für die das Anlass zur Besorgnis sein könnte, sind sich einig: Das spielt überhaupt keine Rolle, weil man einen Dubreuil auf Anhieb erkennt. Sekretär oder Beistelltischchen, jedes Möbel ist ein Juwel. Manche sind übrigens mit Jade, Korallen oder Perlen inkrustiert.

Eines Tages wird er ganz bestimmt die Zeit, seine Lieblingsfeindin, anhalten, und dann wird er Halsketten, Armreife, Ringe für Prinzessinnen ziselieren, wie es sie heute gar nicht mehr gibt.

Unter dem Foto von André Dubreuil ein italienischer Tisch mit einer Vase von Vallauris aus den 1950er Jahren und ein Stuhl von Brazier-Jones. Der kupferne Schrank ist von Dubreuil, genauso die Küchenmöbel (rechts). Tisch und Stuhl von Brazier-Jones.

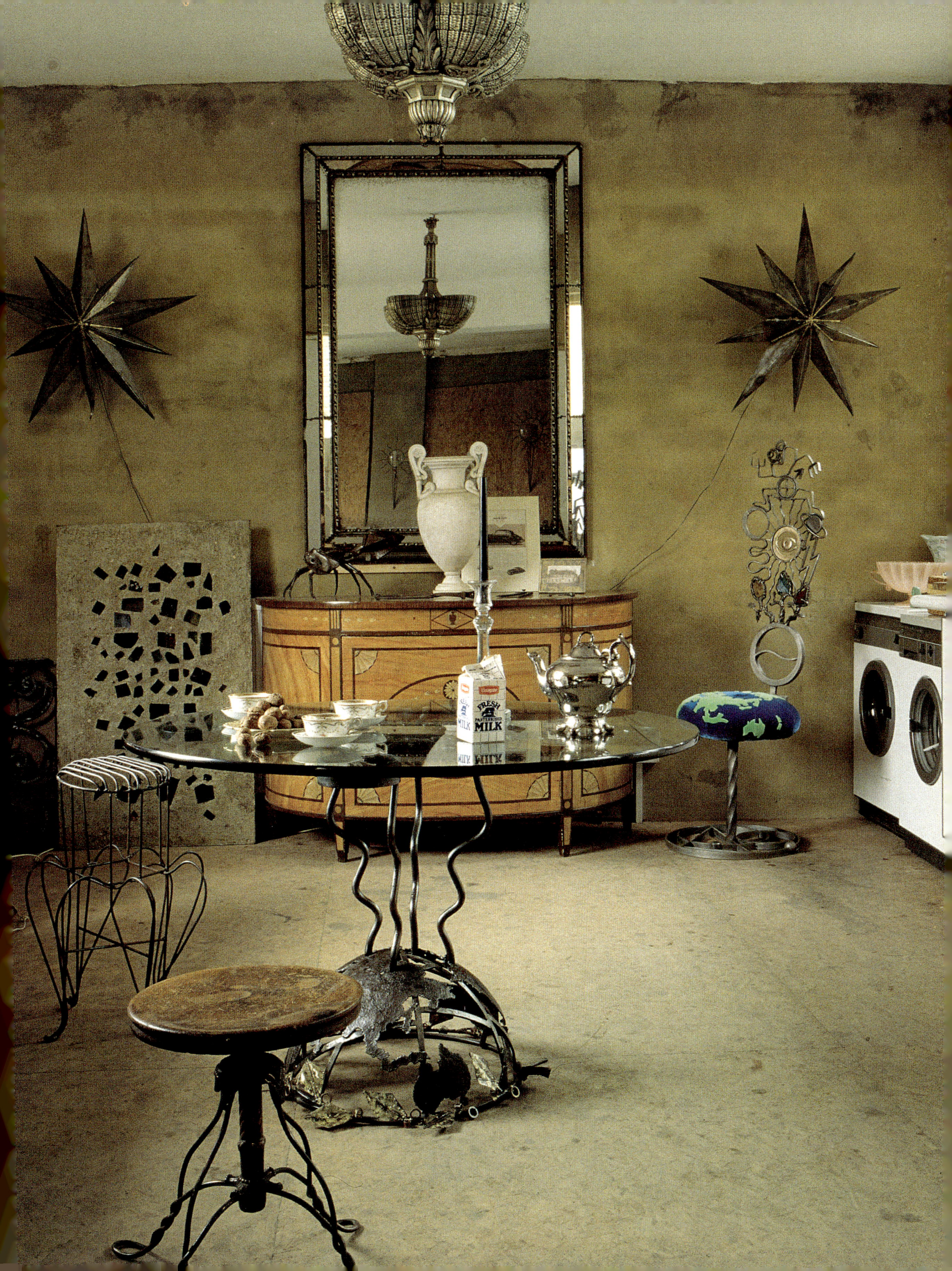
FRESH
MILK

Mark Brazier-Jones

EIN SCHILLERNDER DESIGNER IM LÄNDLICHEN ENGLAND

Auf den Schwingen des Design

Sein Name ist nur Eingeweihten ein Begriff. Was daran liegt, dass Mark Brazier-Jones ein ungewöhnlicher Künstler ist. Und einer, der sich rar macht. Er lebt in England, auf dem Land, und verlässt sein Zuhause nur äußerst ungern, was aber hin und wieder unumgänglich ist, etwa wenn eine Ausstellung seiner Werke in irgendeiner Metropole eröffnet wird. Nach London, Hongkong, Berlin, Brüssel und Tokio wird das Ende 2001 in der Pariser Galerie Avant-Scène der Fall sein. Brazier-Jones geizt aber nicht nur mit sich, sondern auch mit seinen Objekten, die aus versunkenen Welten zu stammen scheinen und mit einer Fülle von Symbolen und mythischen Anspielungen beladen sind. Sie sind zeitlos, deshalb wird die Zeit ihnen nichts anhaben können. Allerdings erfordern sie eine Menge Geduld, aber vielleicht macht gerade das Warten einen Teil ihres Reizes aus: Noch nie hat ein Kunde, so nervös oder launisch er auch gewesen sein mag, auf das Möbelstück seiner Träume verzichtet. Für den Perfektionisten Brazier-Jones ist Geduld ein Rohstoff genau wie Bronze oder Stahl; mit beiden misst er sich seit über 15 Jahren.

Als er 1984 mit Tom Dixon in London die Firma Creative Salvage gründet und die Neobarocken im Stil der Postpunk-Ära Kunst aus zerschnittenem, geschweißtem und gehämmertem Schrott produzieren, hat er die Freuden der Konsumgesellschaft bereits ausgekostet: Als Artdirector war er für die Ausstattung von Fernsehshows und Videoclips von Rockgruppen verantwortlich. Er hat zwar wertvolle Erfahrungen gesammelt in jener Zeit, da er über ein großes Budget und ein großes Team verfügte, empfand das Ganze aber als frustrierend: »Die meisten Dekors, die ich entworfen hatte, waren vielleicht ein, zwei Sekunden zu sehen. Als Videofilmemacher wollte ich jedenfalls nicht alt werden.«

Mark Brazier-Jones kehrt Stress und Strass ohne Bedauern den Rücken und tauscht »das kleine weiße Haus mit den grünen Fensterläden« gegen ein großes rosarotes Haus

Das Stillleben auf dem »Kürbis«-Tisch mit dem Totenkopf als Symbol für die Vergänglichkeit erinnert an eine Vanitas. Die bekannten Kerzenständer Olympia sind mit Lorbeer umkränzt. Der Sessel davor hat Beine in Tiergestalt.

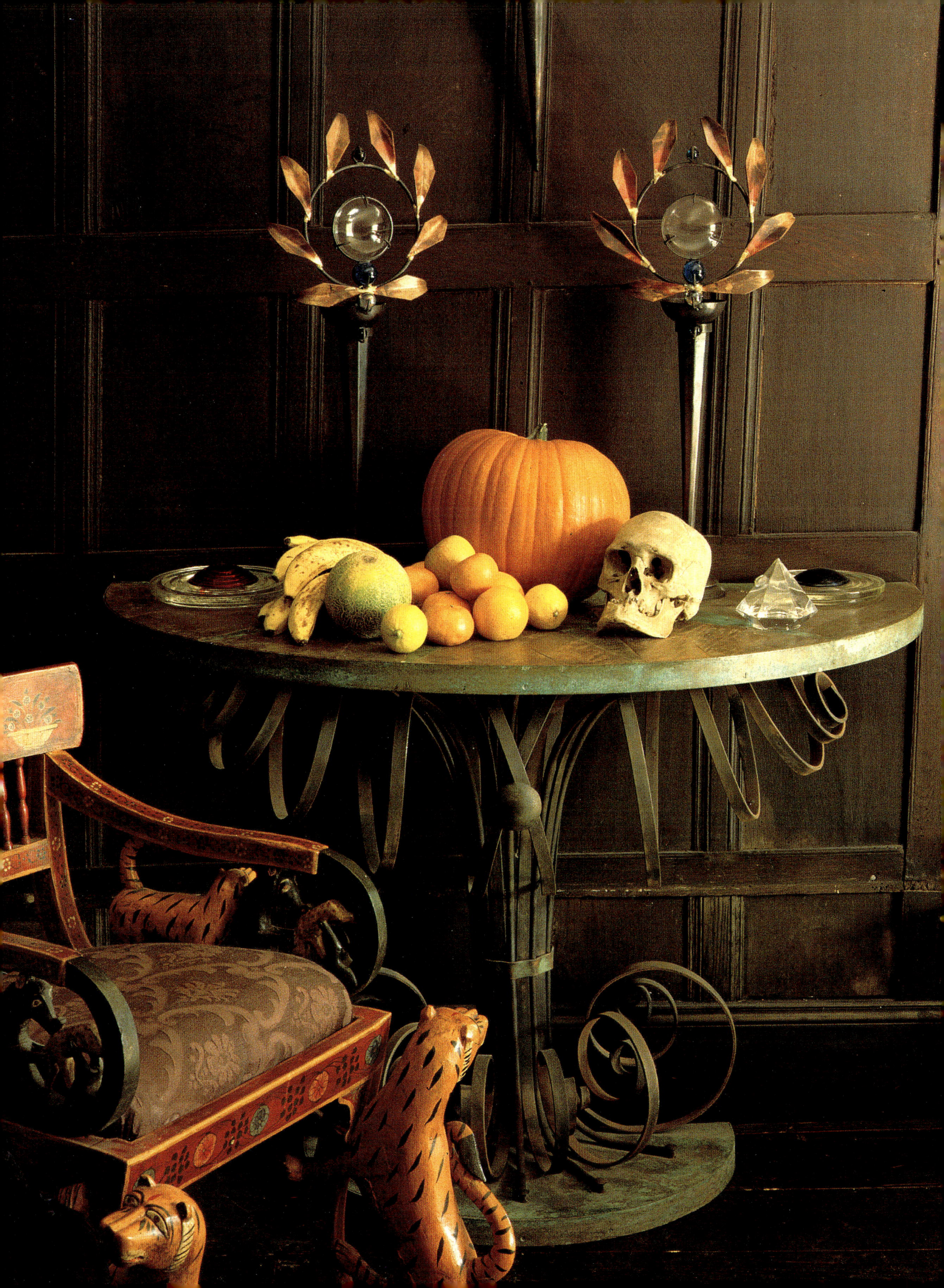

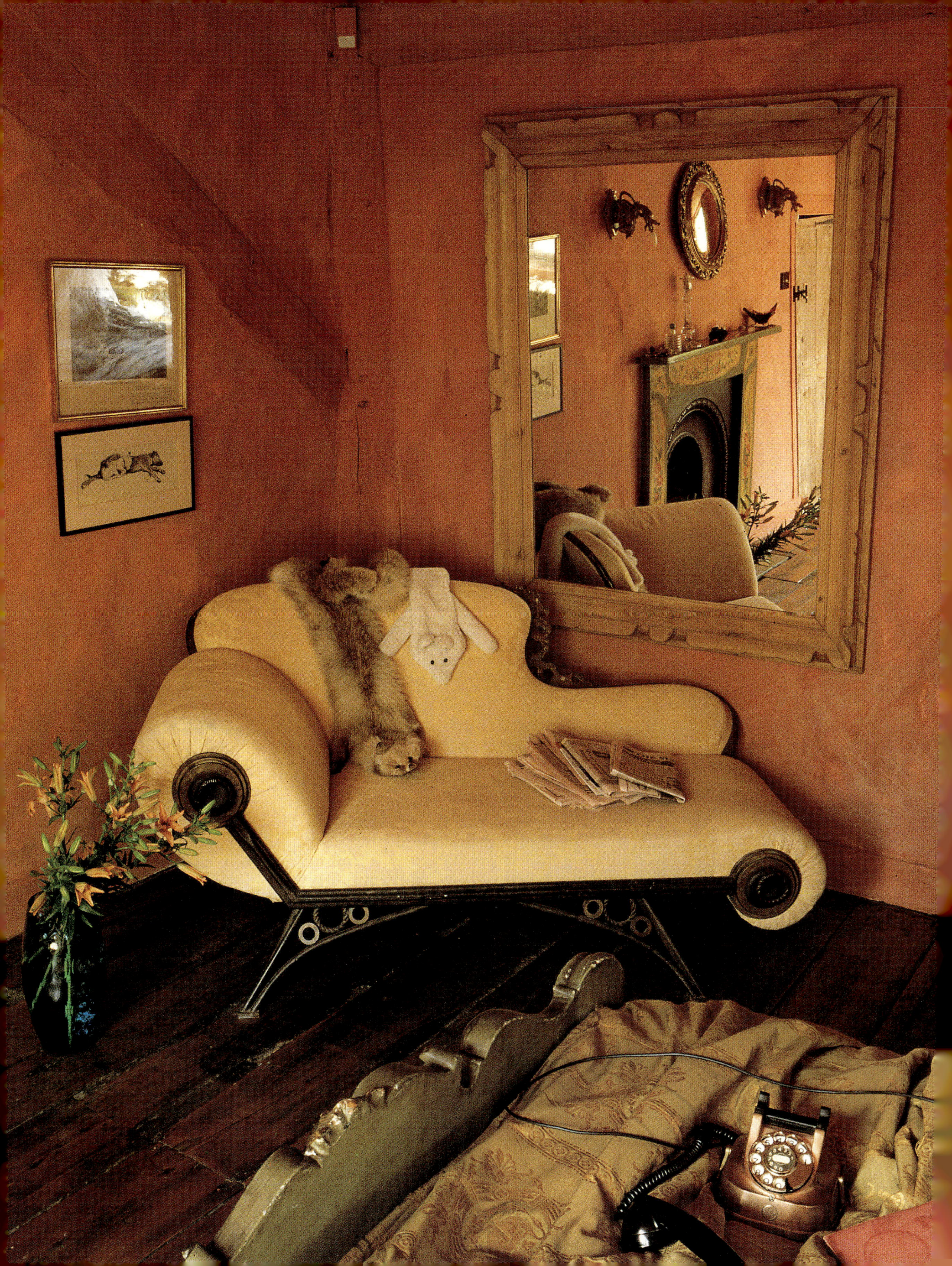

mit blauen Fensterläden in ländlicher Idylle. Den Namen Brazier hat er sich von seiner Lebensgefährtin Liza geborgt. Er fügt ihn seinem eigenen Namen wie ein sentimentales Anhängsel bei und trägt ihn fortan wie eine Tätowierung. Das Paar hat zwei Kinder.

Was könnte Mark Brazier-Jones zu seinem Glück fehlen? Das Meer, antwortet er. Sein Rauschen hat ihn während seiner Kindheit in Neuseeland in den Schlaf gewiegt. Vielleicht inspiriert es ihn auch zu seinen fischförmigen Kerzenständern oder den Tischen mit den Tentakelbeinen. Andere Tische stehen auf den Klauen eines Greifs, und die Lehnen seiner Stühle sind wie Flügel oder Leiern geformt, manche Wandleuchten mit Lorbeer umkränzt. Es scheint, als beziehe Mark Brazier-Jones mehr Anregungen aus der Geschichte und der Mythologie als aus seiner Umwelt.

Seine in kleinen Serien aufgelegten Objekte, die sich an der Grenze zwischen Bildhauerei und Design, Romantik und Symbolismus bewegen, sind einem überschaubaren Personenkreis vorbehalten. Mark behält nur ganz wenige Stücke. Seine barocke Récamiere zum Beispiel, die Gleiche, die André Dubreuil für sich bestellt hat, hat ihn überallhin begleitet, desgleichen sein Kürbis-Tisch, eine Hommage an Aschenputtel. Das Dekorieren liegt ihm weniger am Herzen als die Farben: Es gibt nicht eine einzige weiße Wand in seinem Haus, und bei der Auswahl der durchweg kostbaren Stoffbezüge für Sessel und Stühle ist die Farbnuance genauso wichtig wie die Textur.

Licht liebt er nur gedämpft. Er schließt es in irisierende Kugeln ein, denkt sich dafür die unwahrscheinlichsten Leuchter aus, lässt nicht zu, dass das Licht sich bis in jede Ecke des Raums ausbreitet und die Dunkelheit vollständig verdrängt.

Nicht nur dem Licht, auch dem Feuer trägt er Rechnung, dem flackernden Kaminfeuer, auf das der Kreative noch stärker angewiesen ist als jeder andere Mensch. Wer vor einem Feuer sitzt, müsse seine Gedanken schweifen lassen, stellte der französische Schriftsteller Gaston Bachelard einmal fest. Dies sei der eigentliche Sinn des Feuers und seine wichtigste Bedeutung für den Menschen. Mark Brazier-Jones hat das nie vergessen.

André Dubreuil war von dieser barocken Récamiere von Mark Brazier-Jones so begeistert, dass er die Gleiche bestellt hat (S. 82). *Die beiden Künstler haben sich zu Beginn ihrer Karriere gemeinsam mit Tom Dixon ein Atelier geteilt. Der Eingang zum Haus von Mark Brazier-Jones, daneben der Künstler selbst in seinem Atelier* (diese Seite oben). *Darunter sind einige Stücke aus Glas aus seiner Kollektion zu sehen.*

Vanessa Bell

CHARLESTON ODER DIE KUNST DER WANDMALEREI

Vanessas Revanche

Vanessa Bell stand stets im Schatten ihrer Schwester Virginia Woolf, einer der bedeutendsten englischen Schriftstellerinnen des 20. Jahrhunderts. Mit einer der Bloomsbury Group gewidmeten Ausstellung, die Ende 1999 in der Londoner Tate Gallery gezeigt wurde, widerfuhr Vanessa, dem Mittelpunkt dieses Kreises englischer Verleger, Dichter, Künstler und Gelehrter, endlich Gerechtigkeit. Und aus ihrem Charleston Farm House in Sussex wurde ein Wallfahrtsort.

Es war Virginia Woolf, die bei einem Spaziergang in den Downs in der Grafschaft Sussex das leer stehende Bauernhaus entdeckt hatte. Vanessa zog 1916 dort ein, gemeinsam mit ihren Kindern und Duncan Grant, mit dem sie ihr Leben teilen würde, und dessen Geliebten David Garnett, dem späteren Ehemann von Vanessas Tochter Angelica. Die 1918 geborene Angelica hat ein Buch über das Leben in Charleston geschrieben und schildert den Alltag dieser »Großfamilie« aus Eheleuten, Liebhabern, Freunden und Geliebten, die zwar ohne Vorurteile, aber nicht ohne Eifersüchteleien zusammenlebten.

Das aus Stein und Backstein erbaute Haus unterschied sich äußerlich nicht von den anderen in der Gegend. Innen dagegen schon: Seine kahlen Wände hätten Duncan und Vanessa dazu angeregt, sie mit Farben zu bemalen, die eines Gauguin würdig gewesen wären, und mit neuen, originellen Motiven, wie sie in der englischen Innendekoration noch nie verwendet worden seien, erzählt Angelica. Zwischen den Weltkriegen, fügt sie hinzu, hätten sie alle möglichen Stoffe und bemalten Möbel herangeschleppt und das Haus in eines verwandelt, das seinesgleichen suchte. Ihr aller Leben habe sich gleichsam vor dem Hintergrund eines ständigen Umgestaltens und neu Einrichtens abgespielt.

Dass Duncan Grant und Vanessa Bell ihr Zuhause mit Wandmalereien verschönten – und das mit ebenso viel Eifer wie Talent –, geschah nicht aus Sparsamkeit. Beide gehörten

Über dem bemalten Kamin ein um 1910 entstandenes Foto von Vanessa Bell.
Die Täfelungen, Vasen und Platten sind alle von Vanessa, ihren
Kindern und Duncan Grant bemalt worden.

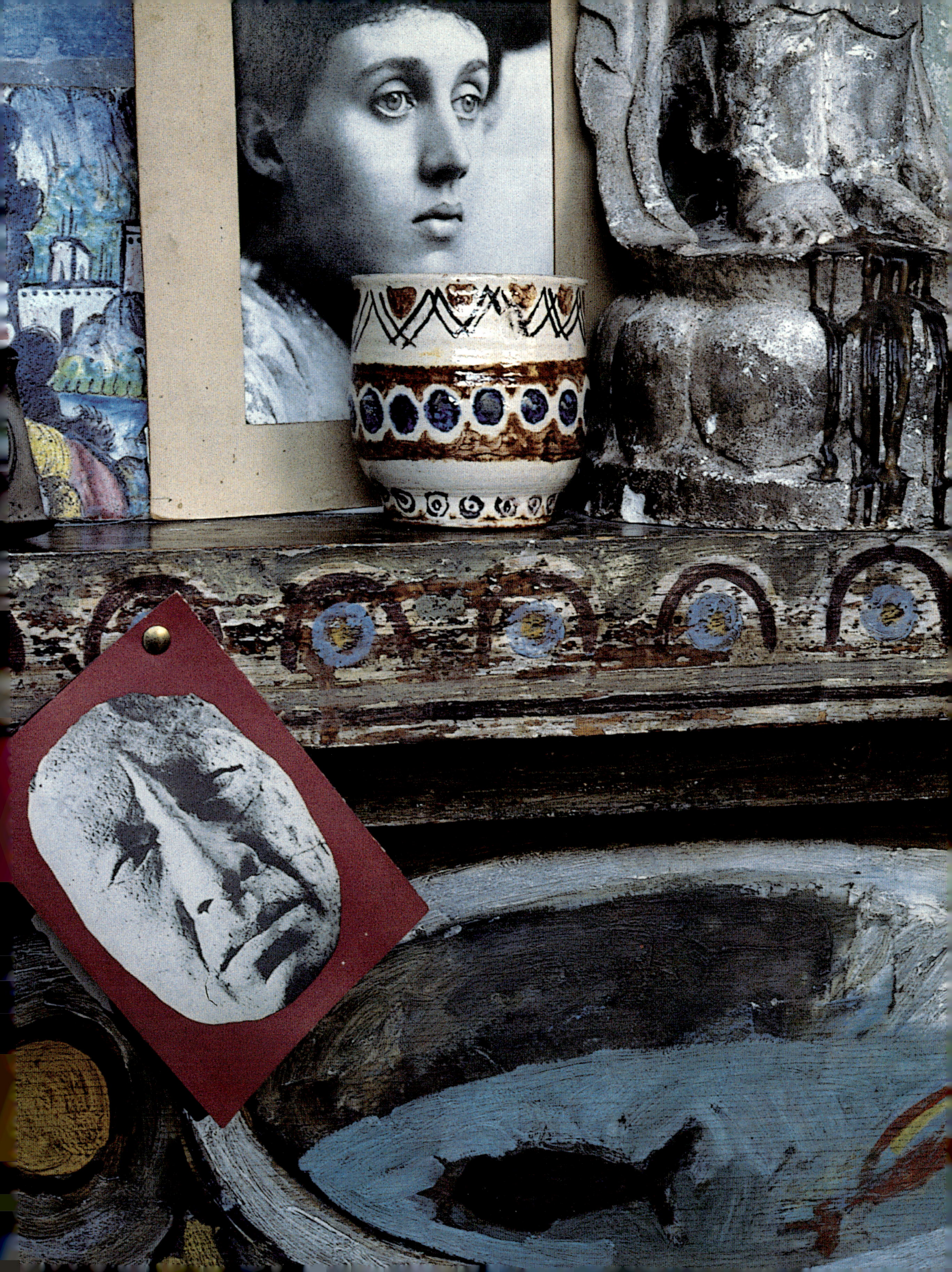

In diesem Atelier haben Vanessa Bell und Duncan Grant gemeinsam gearbeitet. Wände, Kamin, Paravent, Vasen und alle anderen Gegenstände sind von ihnen bemalt worden. Picasso, den sie sehr bewunderten, ließ sich von ihren Arbeiten zu seinen Keramiken inspirieren.

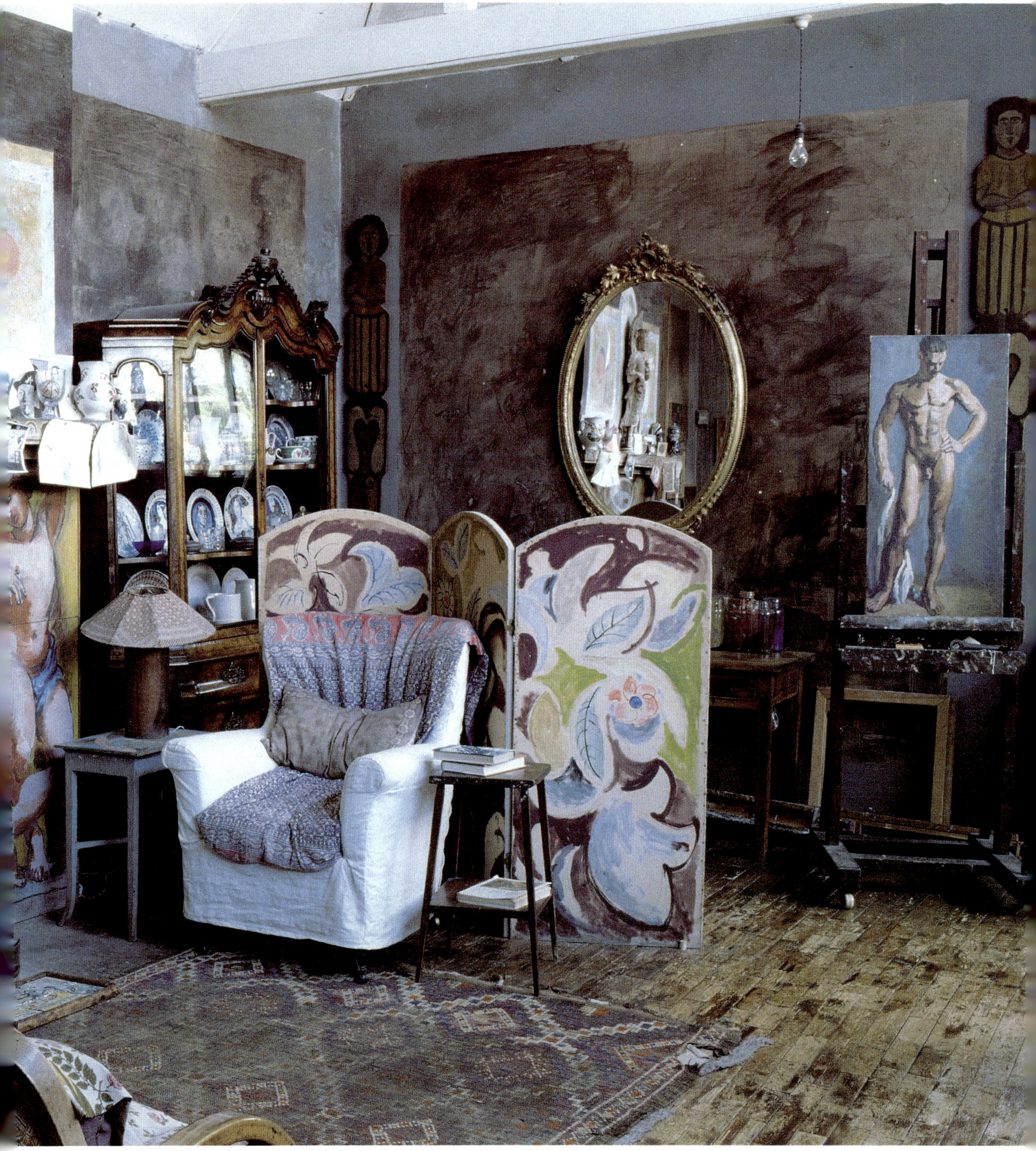

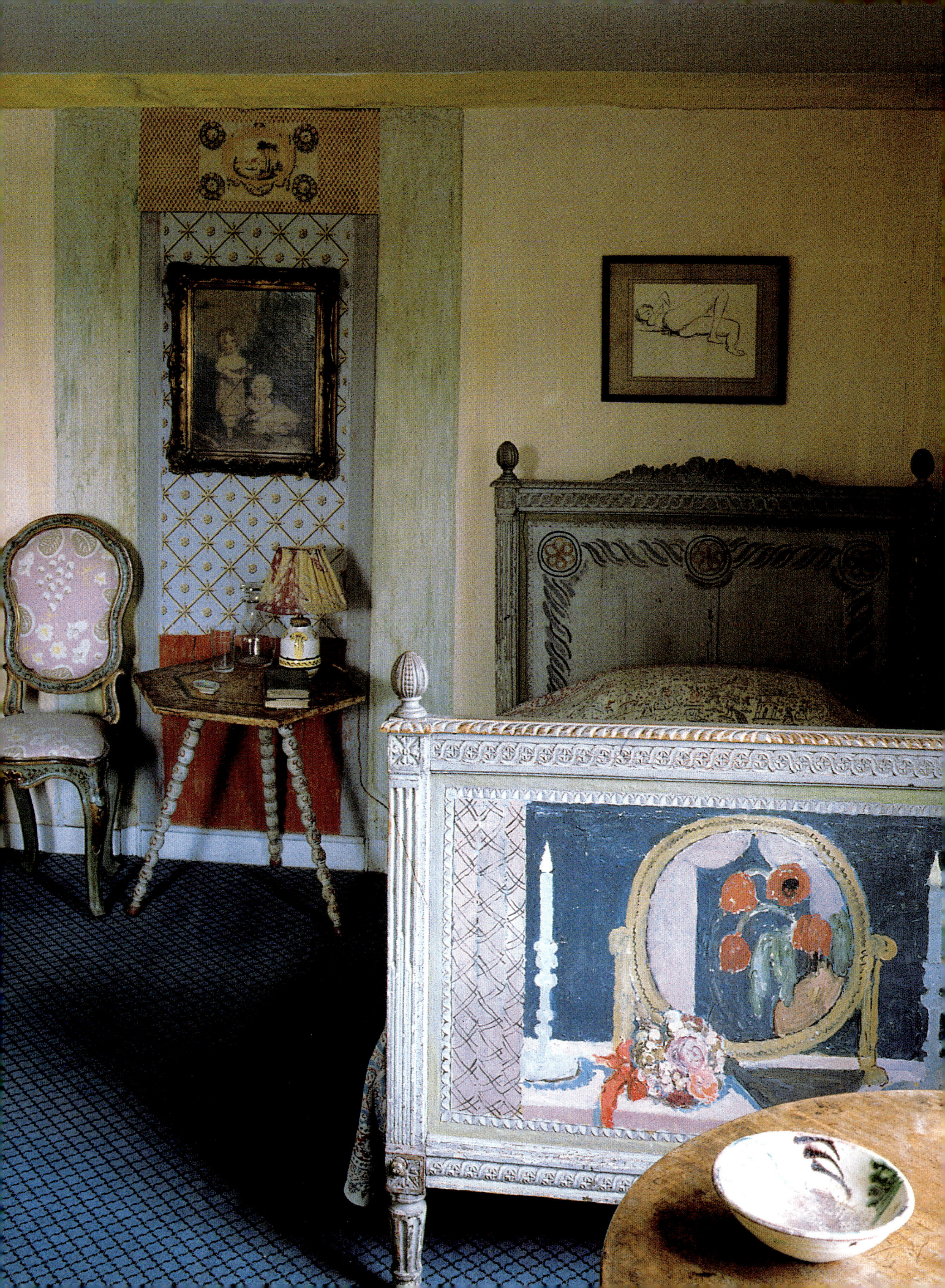

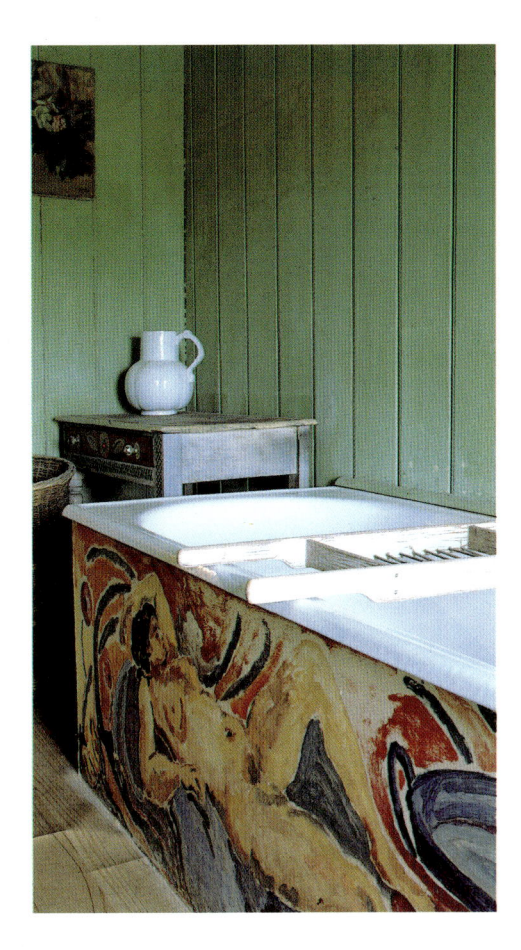

den Omega Workshops an, die der Kunstkritiker und Maler Roger Eliot Fry 1913 mit dem Ziel gegründet hatte, die seiner Ansicht nach künstlichen Barrieren zwischen den als bedeutend und unbedeutend eingestuften Künsten niederzureißen, indem junge Künstler zur Herstellung von Möbeln und Gegenständen ermutigt wurden. Duncan und Vanessa setzten seine Theorien in die Praxis um. Beeinflusst vom Fauvismus und von Henri Matisse, einem seiner wichtigsten Vertreter, entdeckten sie die Lust am Verwandeln der alltäglichsten, einfachsten Dinge.

Angelica bewundert den Mut und das Talent ihrer Mutter, die die Wände ihres Schlafzimmers »rußschwarz« und venezianisch rot streicht, Baumwollhoussen für die Stühle näht und die unter der Last der Bücher sich biegenden Regale repariert. Und dabei an der Seite von Duncan, der sich ebenso zu ihr hingezogen fühlt wie sie sich zu ihm, ein eigenständiges künstlerisches Werk schafft. Dank ihrer Einstellung, so Angelica, hätten die Künstler von Charleston ein Möbelstück oder eine Wand nicht anders behandelt als eine Leinwand, wodurch sie eine Freiheit erlangt hätten, die ihnen immer wieder neuen Antrieb gab.

Vanessa Bell beherrschte die Szene in Charleston. Sie war die Seele des Hauses. Und jeder Besucher, schreibt Angelica, könne sich davon überzeugen, dass das Haus weder als Rahmen für protzige Zurschaustellung noch als Schmuckkästchen für einen wertvollen Inhalt konzipiert war. Seine Ausstattung sei vielmehr spontaner, intimer Ausdruck einer sich im Laufe der Jahre wandelnden Lebensanschauung gewesen.

Blick ins Zimmer von Clive Bell (S. 88). *Vanessa bemalte das Bett im Stil Louis-seize, den rustikalen Tisch und die Wände. Das Bad* (oben links) *mit der Badewanne, dessen Holzfront Richard Shone gestaltete. Sämtliche Türen sind mit Bildmotiven bemalt worden* (oben Mitte). *Über der in Rom gekauften italienischen Kommode* (oben rechts) *ist ein Porträt von Vanessas Schwester Virginia Woolf zu sehen sowie Gemälde von Duncan Grant, darunter ein* Selbstbildnis mit Turban.

Jean Oddes

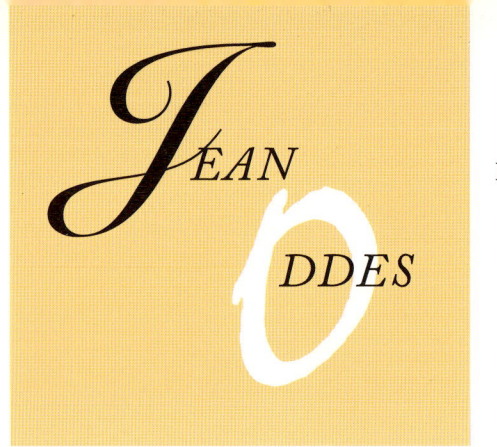

DAS VERGÄNGLICHE DEKOR EINES LOFTS

Ode an den Beton

»Extravagant? Ich? Ich finde mich sehr vernünftig. Ich mache mir zum Beispiel Gedanken über den Gebrauchswert eines Gegenstands, über die richtige Wahl der Materialien: Ein Stuhl muss bequem sein, ein Badezimmer muss man schnell abspritzen können.« Jean Oddes räumt nur zögernd ein, dass eine am Fußende des Betts geparkte funkelnde Moto Guzzi ein verblüffender Anblick ist. Wahrscheinlich ist das Motorrad ein Zugeständnis an die ursprüngliche Funktion der Wohnung: Der Loft ist nämlich aus vier Garagen in einem Hinterhof entstanden. Beruflich ist Jean Oddes zwei Wege gegangen, die irgendwann zusammenliefen: Er hat Kunstgeschichte studiert und in den USA gelehrt, und er hat in Poitiers, der Hochburg mittelalterlicher Kultur, im Schatten der schönsten romanischen Kathedrale Frankreichs, eine Ausbildung zum Freskenmaler absolviert.

Jean Oddes hätte auch ins Kloster gehen können, aber er begnügt sich damit, zu geistlicher Musik unter den Blicken zweier Bischöfe aus dem 17. Jahrhundert zu arbeiten. Die Büsten aus versilbertem Metall kontrastieren mit den klösterlich schlichten Betonwänden und dem Fußboden, der »der weichen Farbe wegen« nur mit Bleichwasser nass gewischt wird.

Das ist aber auch das einzig Weiche in diesem unterkühlt-maskulinen Interieur: ein gefliester Tisch, zwei Sofas, ein Bettgestell auf Rollen, zwei Holzsessel aus grob geschnitzten Baumstämmen, eine vergitterte Bücherwand. Jean Oddes, der Routine, Alltagstrott, spießiges Zusammenleben nicht ausstehen kann und sich nicht an irgendetwas gewöhnen will, verfährt nach dem Motto »Öfter mal was Neues«. Deshalb organisiert er in regelmäßigen Abständen einen »Tag der offenen Tür« bei sich zu Hause, wo alles verkauft wird. Und dann fängt er ganz von vorn an. Und vorzugsweise etwas ganz anderes.

Die Vorliebe für alles Kurzlebige hat ihm auch eine Enttäuschung erspart, als die in Planen gehüllte Pariser Église de la Madeleine nach zweijährigen Fassadenreinigungsarbei-

Schmale Durchbrüche in den Betonwänden verbinden die Räume.
Den Sessel und das Sofa hat Oddes entworfen. Die folgende Doppelseite zeigt die vergitterte
Bücherwand, die Bischofsbüsten und Oddes' Motorrad.

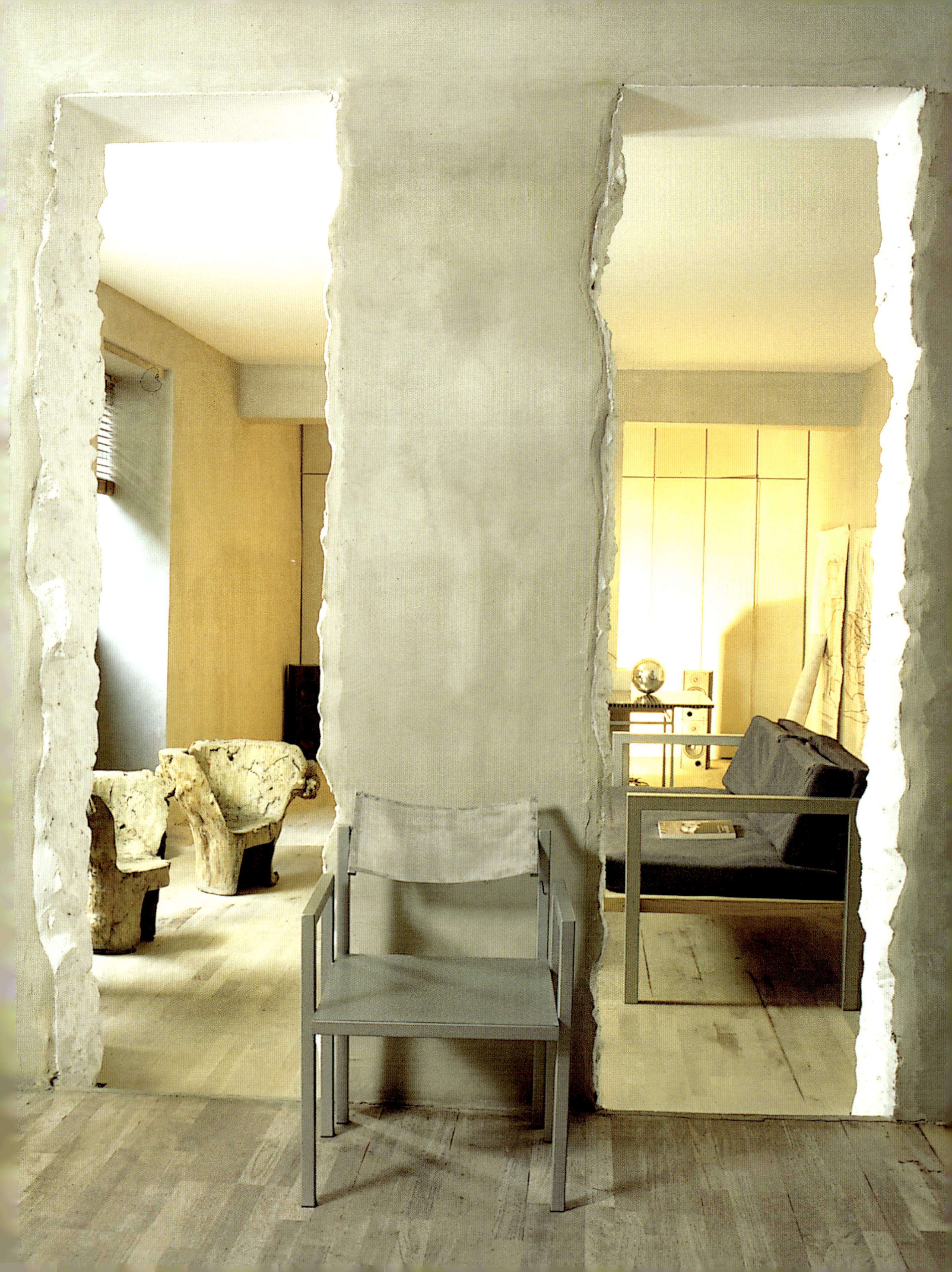

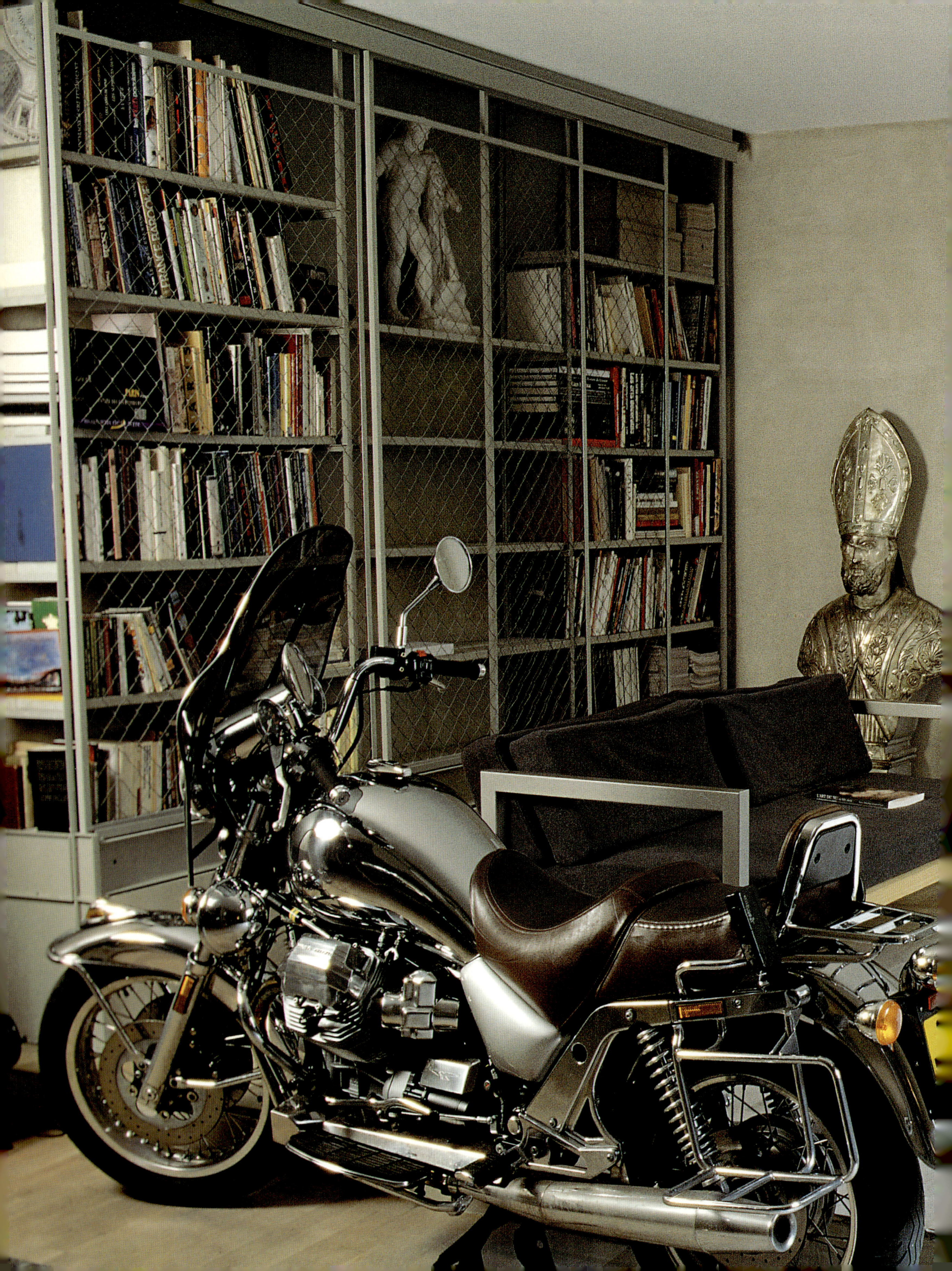

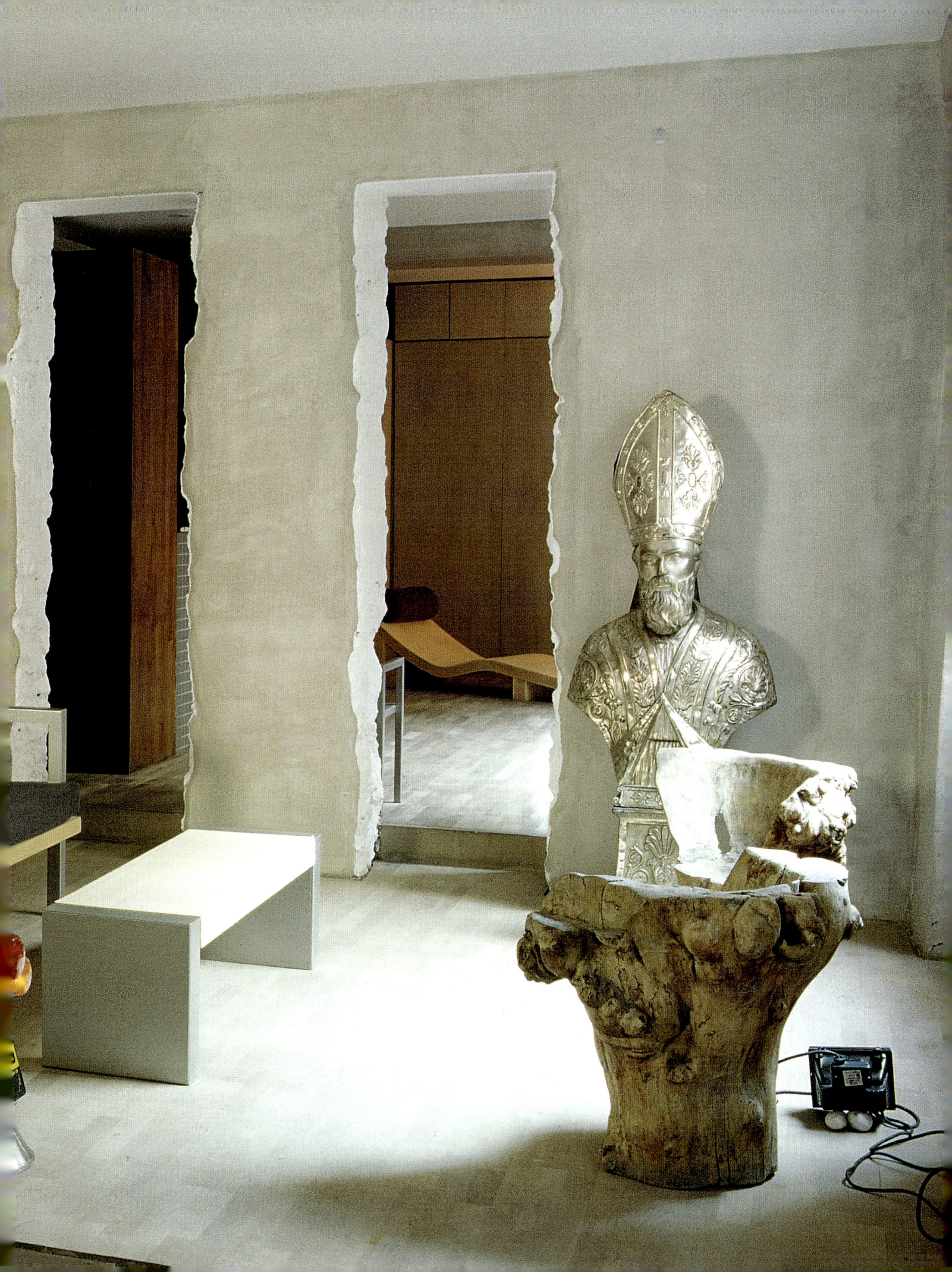

Die Einrichtung ist spartanisch. An einem Ende des Lofts steht das Bett, dessen Metallgestell auf Rollen montiert ist. Die Leuchten auf beiden Seiten sind ausziehbar (ganz oben). Jean Oddes auf einem Liegestuhl aus Sperrholz, einer Nachbildung eines Prototyps von Le Corbusier (oben). Das Bad (rechts) ist schwarz gefliest. Hinter dem Schreibtisch (S. 95) ist einer der Wandschränke zu sehen, die im ganzen Loft eingebaut wurden. Rechts daneben Bleistiftzeichnungen von Oddes.

ten entblättert wurde: Die von Oddes gemalte Kirche war um einiges schöner als die echte. Mit dem gleichen Elan richtet er übrigens auch Veranstaltungen aus, für die nur einige Stunden angesetzt sind, wie die Einführung eines neues Parfüms etwa oder die Vorstellung einer Kollektion.

Jean Oddes liebt diese intensiven Momente, wo alles blitzschnell gehen, wo man improvisieren und innerhalb von Sekunden Entscheidungen treffen muss. Er verwirklicht sich aber auch in seiner Arbeit als Innenarchitekt, indem er auf die Kunden und ihre Wünsche eingeht. Er ermutigt sie, ohne Rücksicht auf den »guten« Geschmack – der die Raumkunst in ein viel zu enges Korsett zwängt – ihrem ganz persönlichen Rechnung zu tragen.

Der einzige Bereich, in welchem der Profi seine Kunden, meist Angehörige der neuen Yuppie-Generation, zu beeinflussen versucht, ist das Licht. Er mobilisiert sämtliche Reserven an Möglichkeiten zur Raumbeleuchtung, um Licht und Schatten sorgfältig dosiert und auf jedes Zimmer genau abgestimmt einzusetzen. »Aber Kerzen sind und bleiben die schönste Erfindung aller Zeiten«, behauptet der Motorradfan, der jeden Morgen in dem Fitnessstudio in einem Pariser Vorort, das er eingerichtet hat, zwei Stunden trainiert. In den Wandschränken in seinem Loft, die ringsum eingebaut sind und ein Büro, eine Dusche, ein Ankleidezimmer und eine Menge Stauraum verbergen, hat er auch seinen Kerzenvorrat gelagert. Kerzen in allen Größen und Formen, aber ausschließlich weiße.

Janine Janet
Ein Dornröschenschloss in Paris

Das Museum der Melancholie

Die vor kurzem verstorbene Janine Janet ist allgegenwärtig in diesem Appartement, wo sie über fünfzig Jahre mit ihrem Mann, dem Maler Jean-Claude Janet, gelebt hat. Gedämpft klingt das Dröhnen der Busse, die zur Gare du Nord fahren, herauf in dieses Dornröschenschloss. Bereits an der Tür wird der Besucher von einer der rätselhaften Figuren Madame Janets empfangen. Der männliche Torso aus Nägel gespicktem Lindenholz ist der Diener eines Triptychons, das sie für den Modeschöpfer Cristóbal Balenciaga entworfen hat, und besteht aus ihm, König und Königin.

Im Salon bekommt man einen Eindruck von dem erstaunlich vielseitigen Talent der Künstlerin: Aquarelle, Ölgemälde auf Leinwand, Keramiken, ein in Birkenrinde gekleideter Waldgott, eine einem goldenen Garbenbund entsteigende Erntegöttin, eine Büste aus Jett und Riffkorallen, ein riesiger Buntglasharlekin, ein glänzender Bronzehirsch, ein Babylonischer Turm aus Kupfer und Zinn, Masken aus patiniertem Leder … Schimären, Sphinxe, Sirenen, Silene, Phönixe … Die Mythologie, insbesondere die griechische, hat Janine Janet als Quelle ihrer Inspiration gedient, aber ihre Interpretation der Sagengestalten ist eine so eigenwillige und barocke, dass man die künstlerische Virtuosität darüber vergisst.

Die Magierin Janet war in erster Linie Bildhauerin, eine Meisterin in einer Disziplin, die einem alles abverlangt. Jean Cocteau hatte es einmal so formuliert: »Madame Janet ist eine Fee.« Für *Orphée* hatte sie jene menschlichen Pferde geschaffen, die Filmfreunden unvergesslich bleiben werden. Cocteau selbst hatte sich täuschen lassen und festgestellt, es sei noch schöner, verrückte Dinge verwirklicht zu sehen, als sie zu schreiben.

Noch bevor sie verrückte Dinge für die Feste des Ali Khan und für Paläste im Mittleren Osten schuf, hatten all jene, die zu sehen verstehen, Gelegenheit, diese Werke zu bewundern. Das war in den 1950er und 1960er Jahren, auf deren kreatives Potenzial man sich

Zu Füßen der Königin, die keine hat – einer mit Nägeln verzierten Plastik –, sitzt eine Gliederpuppe aus dem 19. Jahrhundert.

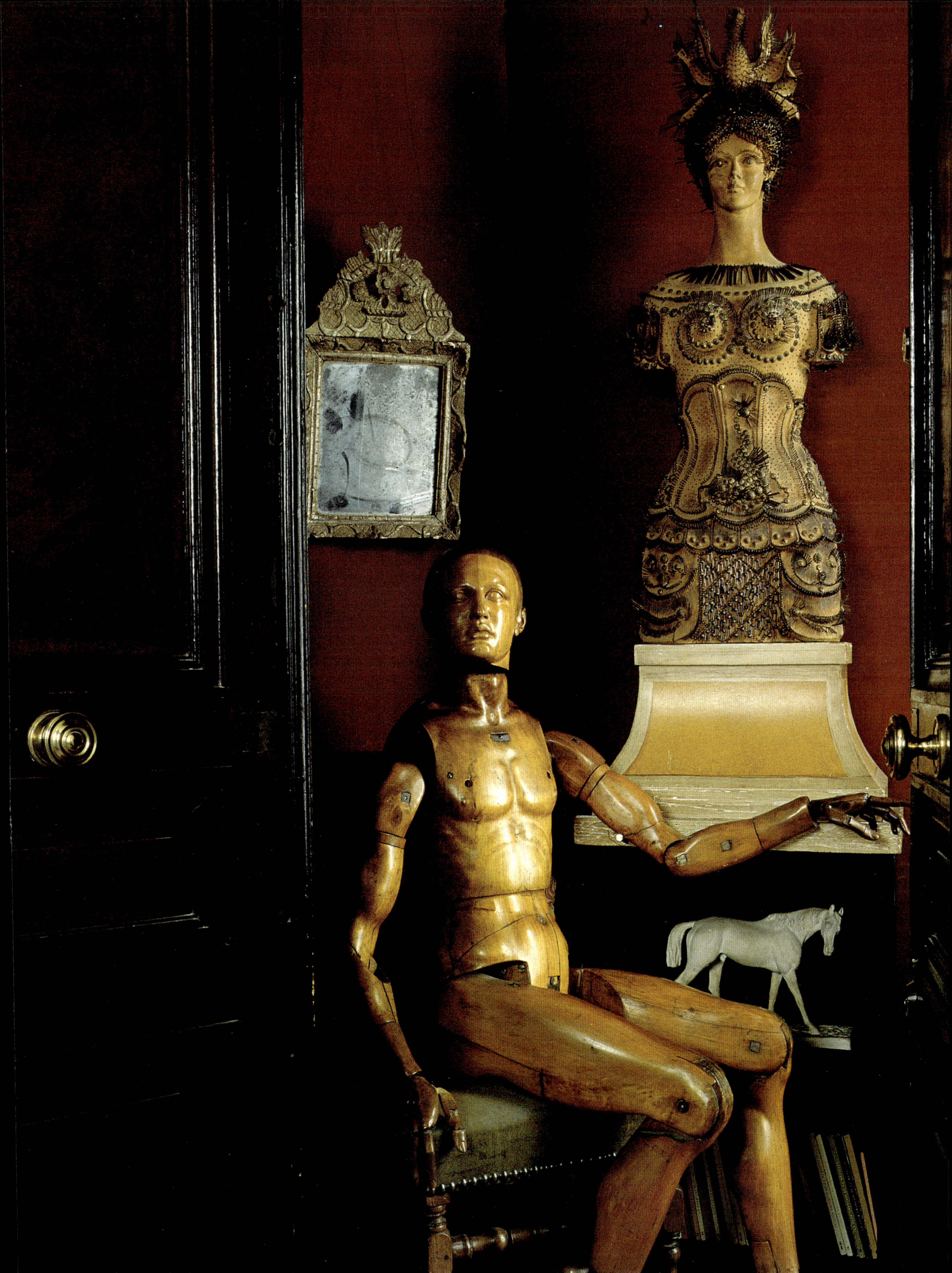

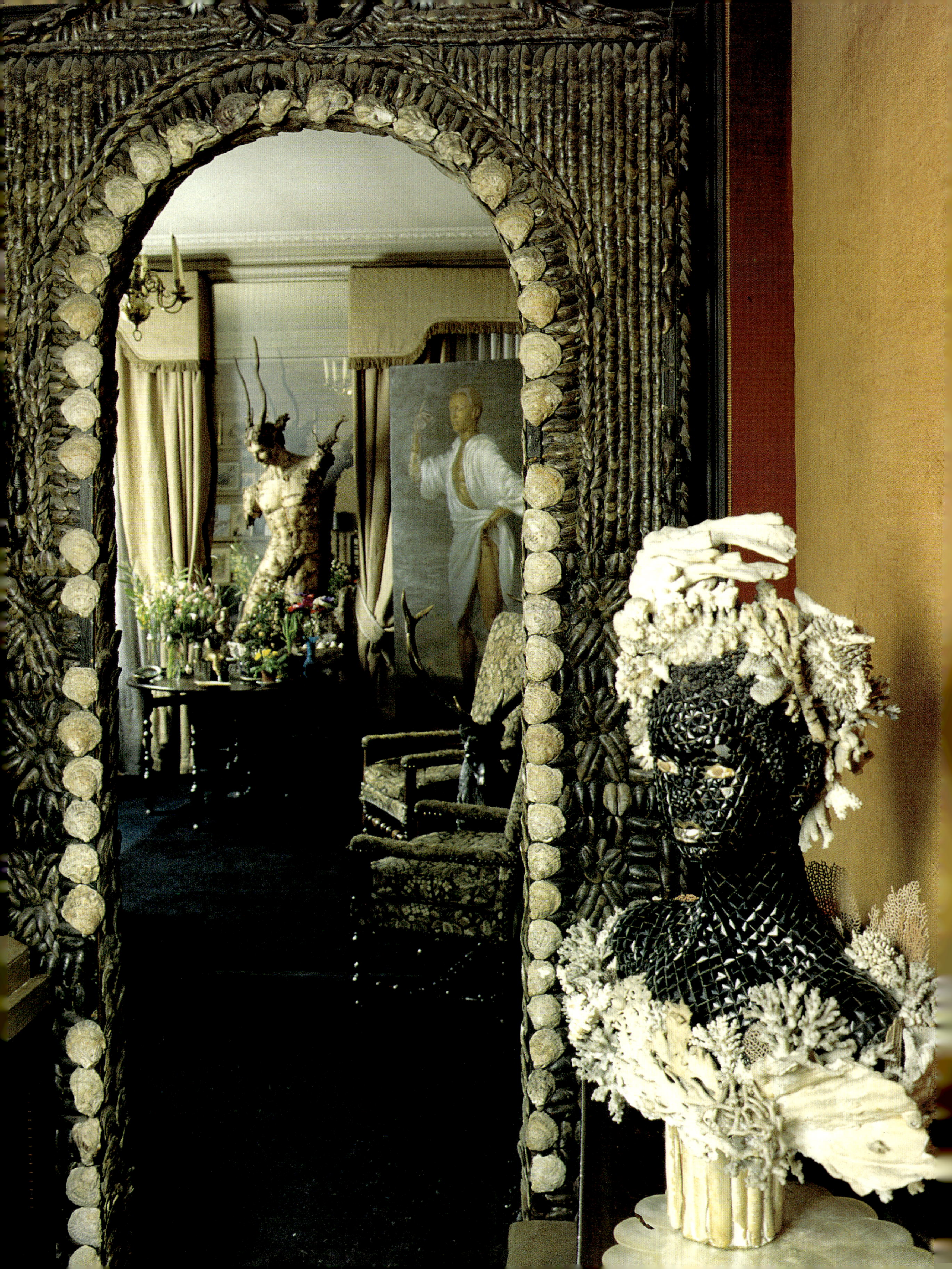

Die auf Réunion geborene Janine Janet wuchs mit Korallen und Muscheln auf. Sie verwendete sie mit großer Virtuosität. Diese Büste aus Gagat und Korallen (S. 98) steht am Eingang zum Salon. Janine Janet hat eine Vielzahl von Skulpturen geschaffen, zum Beispiel einen Engel aus Quarz und Topas (diese Seite oben links), einen mit Birkenrinde verkleideten Faun (daneben) und diesen Diener (unten), Teil eines mit Nägeln beschlagenen Triptychons für Balenciaga.

inzwischen wieder besinnt. Heutzutage gehen die Passanten gleichgültig an den Tempeln der Haute Couture vorbei: Ihre Schaufenster wirken wie Hochglanzmagazine, Werbung inbegriffen. Berücksichtigt man ferner den Einfluss des aus Japan kommenden, unerbittlich puristischen Stils, wird klar, dass die Zeit des prachtvollen – und zudem kostenlosen – Schauspiels, das die Auslagen der berühmten Modehäuser boten, vorbei sein dürfte.

Jeder Modemacher hatte seinen eigenen Stil und seine eigenen Schaufensterdekorateure. Janine Janet, die auf Empfehlung von Annie Baumel, der Hohepriesterin von Hermès, zu Cristóbal Balenciaga gekommen war und dort anonym arbeitete, war dem spanischen Modeschöpfer aufgefallen. Ihr wurde das einzigartige Privileg zuteil, dass er ihr völlig freie Hand bei der Schaufenstergestaltung ließ, und das zwanzig Jahre lang. Die einzige Bedingung des Couturiers: eine seinen raffinierten Kollektionen angemessene künstlerische Ausdrucksform zu finden. Er meldete nicht einmal einen alleinigen Anspruch auf die Künstlerin an, die ihn so gut verstand und die für ihn wie eine Schwester war. Und so schwang Janine Janet ihren Zauberstab auch für Dior, Givenchy, Nina Ricci, Cardin und sorgte dafür, dass die Passanten in der Avenue Montaigne und der Avenue George-V stehen blieben und sich die Zeit zum Hinsehen und Staunen nahmen.

Der größte Teil ihrer vergänglichen Meisterwerke ist in alle Winde zerstreut worden. Die Chancen sind gering, jemals die *Quatre Éléments* genannten Statuen für den Luxusliner »Queen Elizabeth II.«, die Monstranz aus Kristall und Vermeil für den Vatikan oder die Einhörner zu sehen, die sie aus Anlass der Reise der belgischen Königin nach London aufgestellt hatte. Doch Janine Janet hat ein so umfangreiches Œuvre hinterlassen, dass ihr Mann eine Ausstellung ihrer Werke für 2002 im Pariser Musée de la Chasse vorbereitet.

Dieses eignet sich besonders gut dafür, weil es zugleich das Musée de la Nature ist. Der Besuch der École des Beaux-Arts, wo sie Modelle aus Wachs, Lehm und Gips herstellte, die sie später maßstabsgetreu vergrößerte, hat Janines Talent zwar ausreifen lassen, doch ihre Liebe zu allem, was mit dem Meer zusammenhängt, ist immer geblieben. Und so erklärt sich ihre Faszination für die Verwandlung mineralischer, pflanzlicher und tierischer Stoffe aus der Tatsache, dass sie ihre Kindheit auf der Insel Réunion verbrachte. In einem Alter, wo die kleinen Bretonen Sandkuchen backen, baute sich Janine Schlösser aus Muscheln.

Muschelschalen und Korallen sind zusammen mit Holz und Bronze ihre bevorzugten Werkstoffe gewesen. Madame Janet hat sie oft für raffinierte Marketerien, für Spiegel, Schalen und Kandelaber verwendet, die so kunstvoll wie jene in den aufwändig dekorierten Grotten italienischer Fürsten des 17. oder 18. Jahrhunderts waren. Mit dem protzig-aufdringlichen Luxus heutiger sigelbestempelter Statussymbole kann das nicht verglichen werden. Doch neben dieser im Einheitsformat produzierten Ware ist ein neuer Trend zu beobachten: die, zwangsläufig elitäre Suche nach Einmaligem, Einzigartigem, Geheimnisvollem. Das Œuvre von Janine Janet vermag dieses Bedürfnis zu befriedigen.

Gipsmodelle für Skulpturen (oben). Auf dem Tisch darunter sind Skizzen, Fotos, Andenken an Ausstellungen und Zeitungsausschnitte zu sehen. Über dem Kamin, vor dem ein Bronzehirsch wacht (S. 101), hängt ein von Jean-Claude Janet, ihrem Ehemann, gemaltes Porträt Janine Janets.

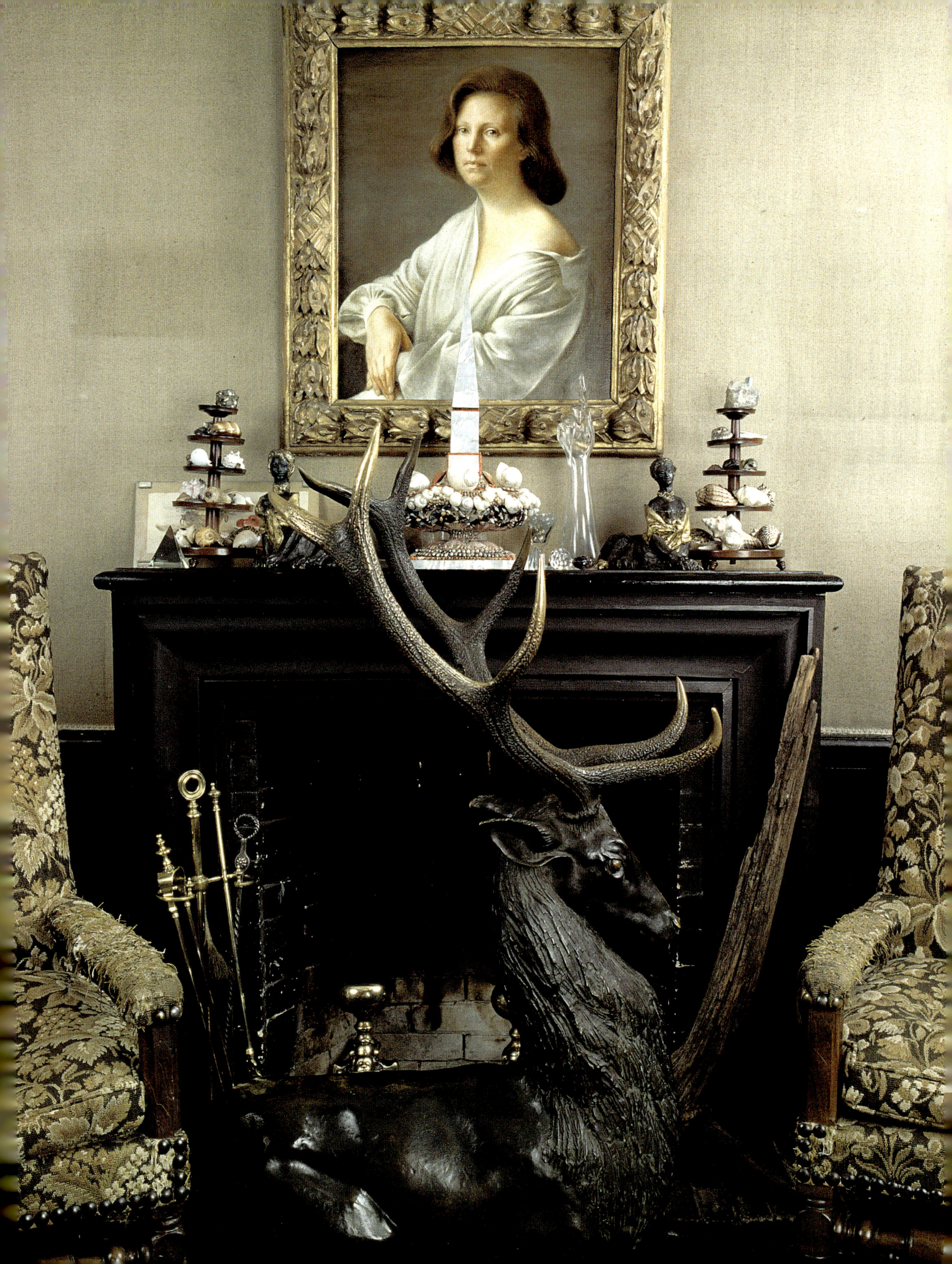

RAVAGES
ZWEI HOLLÄNDISCHE DESIGNER IN PARIS

Im Zeichen des Löwen

Das französische *ravage* bedeutet »Verheerung, Verwüstung«. Doch nomen est omen gilt in diesem Fall nicht: Ravages ist die aus beider Nachnamen gebildete Signatur der Künstler Clemens Rameckers und Arnold van Geuns. Sie lernten sich vor dreißig Jahren auf der Kunsthochschule im holländischen Arnheim kennen und sind seitdem beruflich wie privat ein Paar. War ihre Begegnung vorherbestimmt? Auf jeden Fall stimmen einige Lebensdaten erstaunlich überein. Ihr Sternzeichen: Löwe. Sie sind beide im selben Jahr (1950), im selben Monat (August) und fast am selben Tag (am 1. und am 8.) geboren; beide sind jeweils das dritte von fünf Kindern.

Obwohl sie mit der 1972 in ihrer Heimatstadt eröffneten Galerie recht erfolgreich sind – sie stellen junge Künstler aus und bieten auch eine eigene Kollektion an –, beschließen sie schon bald, ihr Glück woanders zu versuchen: »Wir hatten Angst, wir könnten einrosten.« Und so fahren sie nach Paris, wo bereits eine Landsmännin von ihnen lebt, die Stylistin Li Edelkoort. Rameckers und van Geuns verdienen sich ihren Lebensunterhalt als Modedesigner und Unternehmensberater. Immer vierhändig.

Aber nicht nur in der Realität, auch in der Fantasie gehen sie gemeinsame Wege. Und setzen ihren Weg fort. Sie haben fundierte Geschichtskenntnisse, sind begeisterte Leser von Biografien und eifrige Besucher des Louvre und des Musée Carnavalet. Was liegt da näher, als eine Reihe von Heldenporträts zu zeichnen und zu malen? Da sie sich ihrer Originalität bewusst sind, haben sie keine Probleme damit, sich zu ihrem Flirt mit dem Akademismus, ihrer Freundschaft zur Antike und zu anderen Einflüssen zu bekennen: »Man baut nicht auf Ruinen auf, sondern auf Erinnerungen, die man notfalls neu erfindet.«

Und so schmücken die Porträts von Adam und Eva, Heloise und Abälard, Napoléon und Josephine, Ludwig XVI. und Marie-Antoinette Tapeten, Porzellan, Paravents und Kleinmöbel.

Clemens Rameckers und Arnold van Geuns lassen sich von gekrönten Häuptern,
Heiligen und Sagengestalten zu ihren Werken, die, ähnlich Altaraufsätzen,
oft auf Holz gemalt sind, inspirieren.

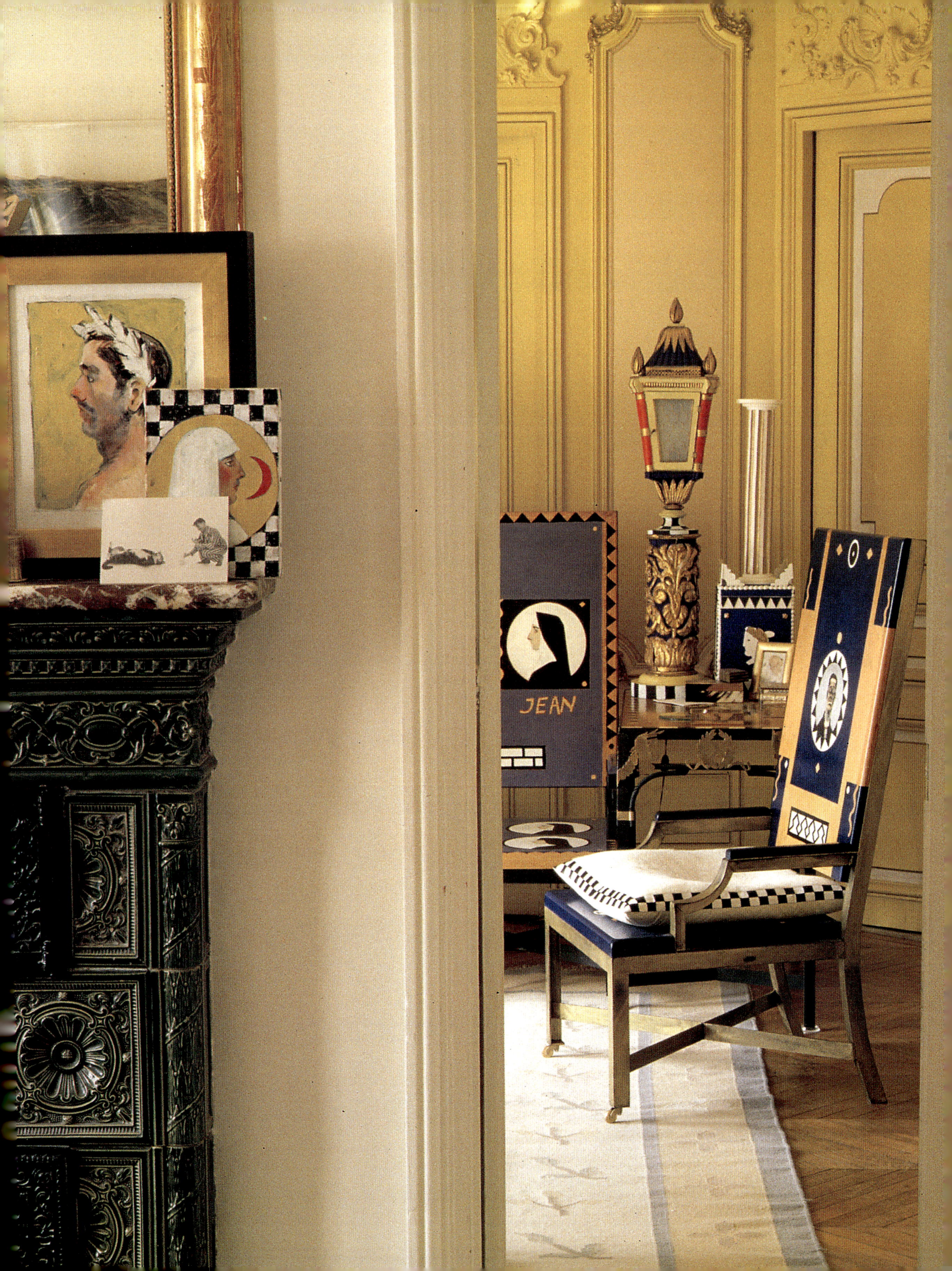
JEAN

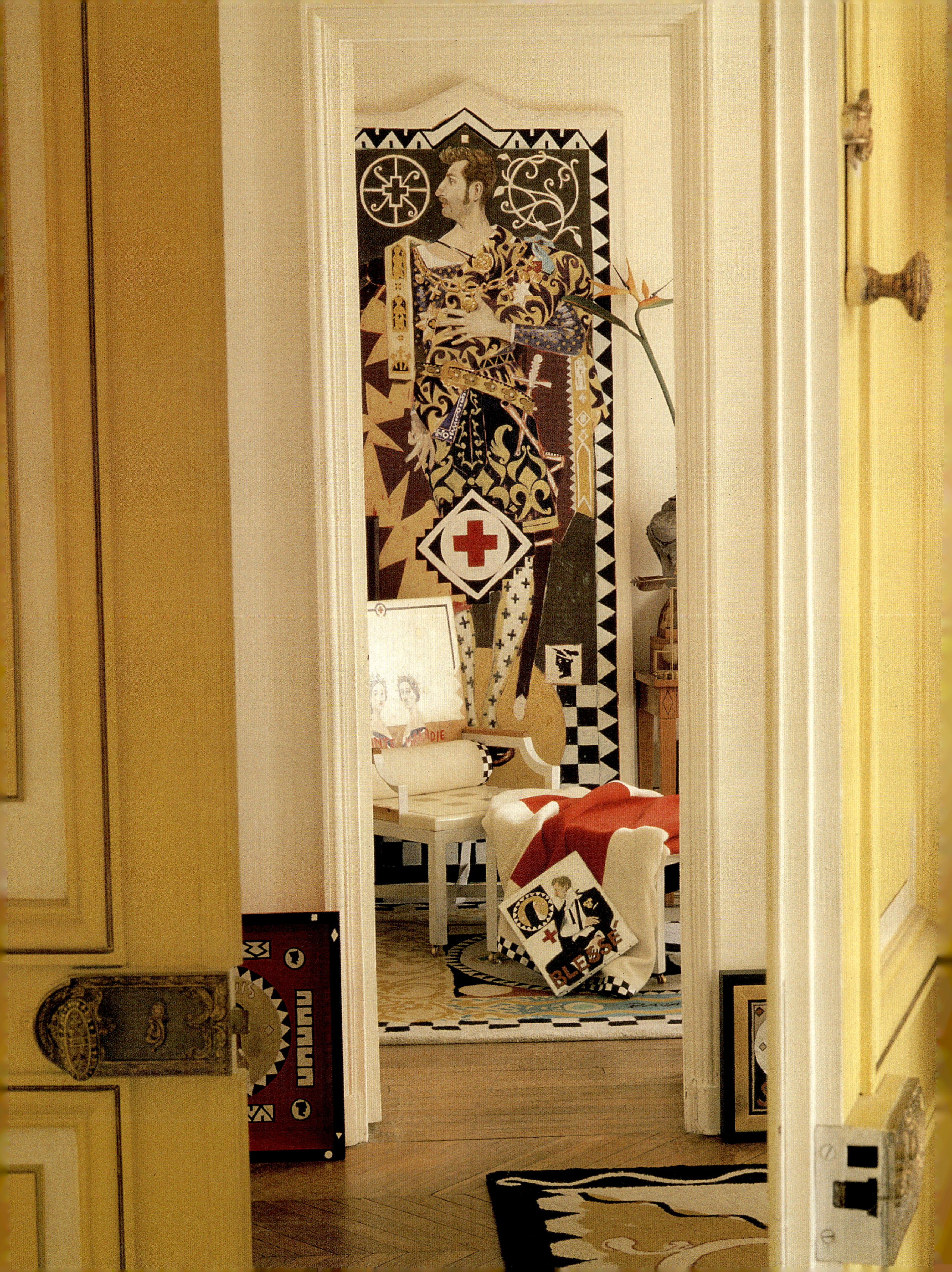
BLESSÉ

Mit kraftvollem Pinselstrich sind sie Schwarz auf Weiß, Weiß auf Schwarz, manchmal auch von Farben belebt, auf den Untergrund gebannt. Voller Heiterkeit: »Ein kreativer Prozess ist nicht Ausdruck von Rache, sondern von Dankbarkeit«, sagen sie. Und fügen hinzu: »Das Einzige, was uns traurig macht, ist das Verkaufen. Wir würden am liebsten alles behalten. Entweder weil es wirklich gut geworden ist oder weil wir es gern besser machen würden.«

Die beiden sind Workaholics: Sie arbeiten sieben Tage in der Woche in ihrem von Zeichnungen überquellenden Atelier. Hunderte weiterer Entwürfe stapeln sich in Kartons und warten darauf, einer »Schneeballlogik« zufolge, wie sie es nennen, Verwendung auf Geschirr, Haushaltswäsche, Stoffen und Möbeln zu finden. Alles wird zuvor im eigenen Appartement, das vom Fußboden bis zur Decke auf Ravages eingestellt ist, getestet.

Aus Zeitmangel, aber auch aus Desinteresse besuchen die beiden weder Partys noch andere gesellschaftliche Ereignisse. »Wir genügen uns selbst«, erklären Arnold und Clemens einstimmig. »Wir sind die Garbo des Kunstgewerbes«, fügen sie humorvoll hinzu. Obwohl von Kennern bejubelt und von Sammlern geschätzt, sind sie dennoch keine Stars. Bedauern sie das? Überhaupt nicht: »Wir haben Freude am kreativen Schaffen, nicht am Karrieremachen.«

Die Kreationen von Ravages – Möbel, Keramiken und Haushaltswäsche – haben alle etwas Familiäres. Der gefühlvolle, sehr europäische Stil ihres ausdrucksvollen und farblich kräftig gestalteten Designs ist vor allem in den USA sehr beliebt.

Manolo Núñez

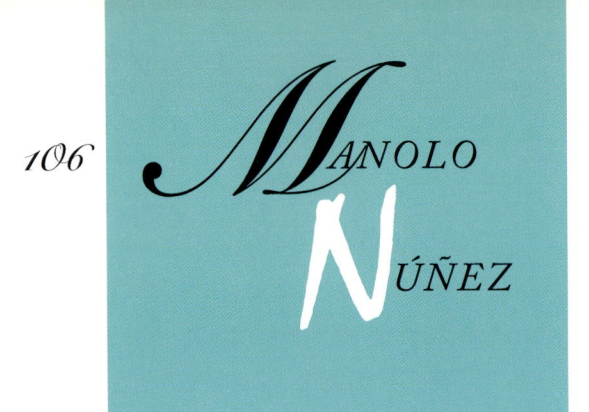

Die Festung eines katalanischen Architekten

Eine Philosophie in Stufen

Er war lange Zeit hin- und hergerissen zwischen seinen beiden Leidenschaften, dem Theater und der Architektur. Aus diesem Grund hat sich der Katalane Manolo Núñez entschlossen, sich beidem zu widmen und statt Einfamilienhäuser für Kunden zu bauen, die sich nicht entscheiden können, wo der Kamin und wo die Küche hin soll, Ministerien, Universitäten, öffentliche Gebäude und natürlich auch Theater zu entwerfen. Doch obwohl er Bauten als Inszenierungen und Räume als großzügiges Raumerlebnis begreift, steht ihm der Sinn keineswegs nach architektonischer Gigantomanie: Empört über die für Kolossalbauten aufgewendeten Unsummen – die zudem oft am Bedarf vorbei gebaut werden –, legt er bei seinen Projekten allergrößten Wert auf strikte Einhaltung des Zeitplans und der veranschlagten Kosten, mag es sich nun um Dollar, Pfund, Yen, Escudos, Francs handeln.

Doch jede Regel hat ihre Ausnahme, in diesem Fall die Aufsehen erregende festungsähnliche Villa, die sich Núñez im ländlichen Ampurdán, eine halbe Stunde hinter der französischen Grenze, gebaut hat. Sie sei, sagt er, von den »indianischen« Behausungen inspiriert worden, die sich einige aus Amerika heimgekehrte Katalanen im 19. Jahrhundert hatten errichten lassen. Nicht ganz so weit weg, nämlich in den Hügeln gegenüber, liegt das Schloss von Pubol, das seinem Freund Salvador Dalí gehörte, der eine Zeit lang dort gelebt hatte und dessen Frau Gala dort ihre letzten Lebensjahre verbrachte.

An den exzentrischen Dalí erinnert absolut nichts in Núñez' Villa Redonna mit ihrem nüchternen, fast spartanischen Interieur. Beim Anblick der Türen, die sich auf leere Flure öffnen, der geometrischen Arkaden, die Rechtecke blauen Himmels ausschneiden, und der gewaltigen Treppen denkt man eher an Giorgio De Chirico und sein Gemälde *Die beunruhigenden Musen:* Man erwartet beinah, sie die Stufen hinaufschweben zu sehen, zu dem Amphitheater, das für künftige Aufführungen bestimmt ist.

Lange Treppen führen auf zwei Seiten des
halbrunden Schwimmbeckens zum Eingang
der Villa von Manolo Núñez.

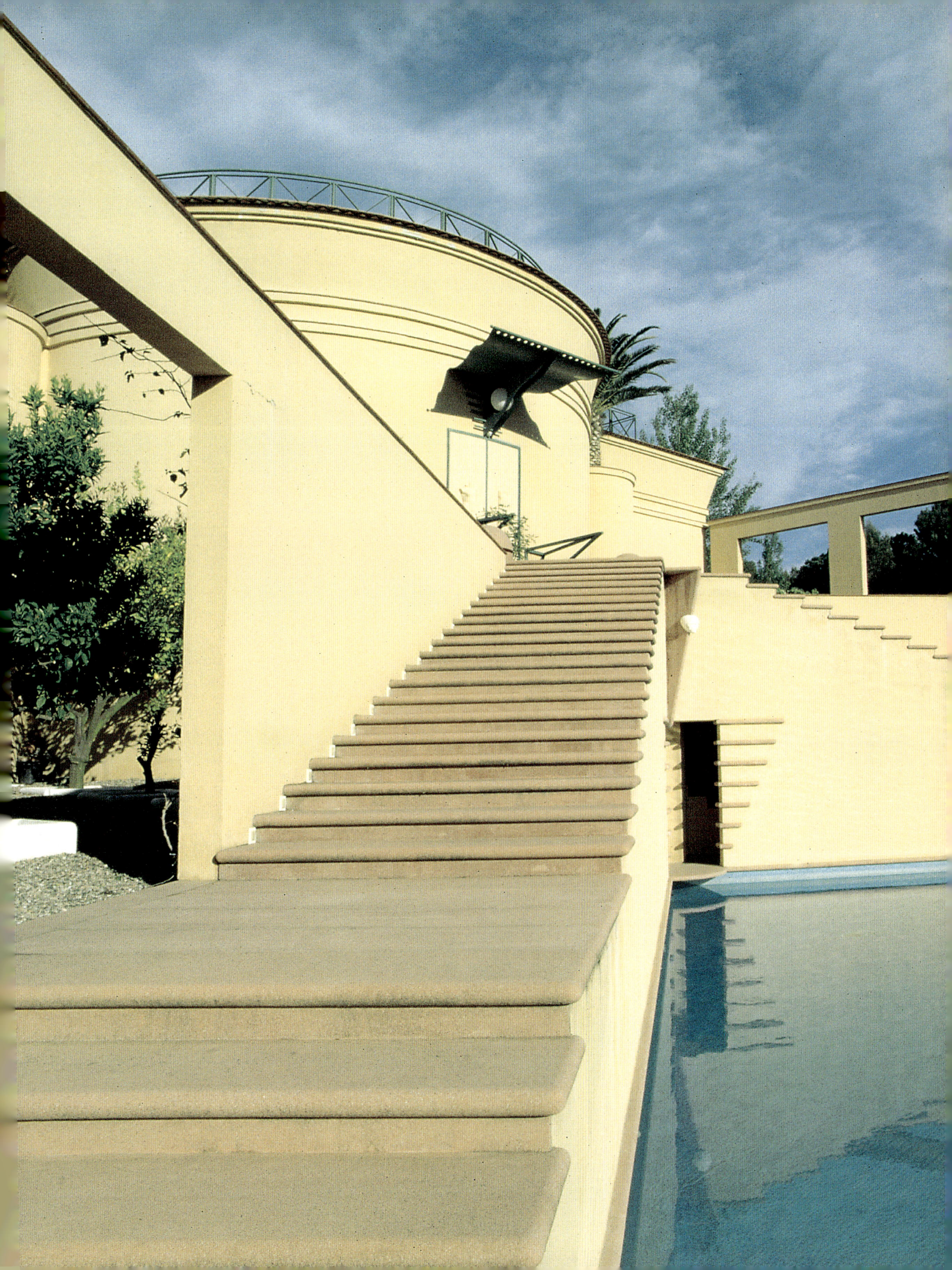

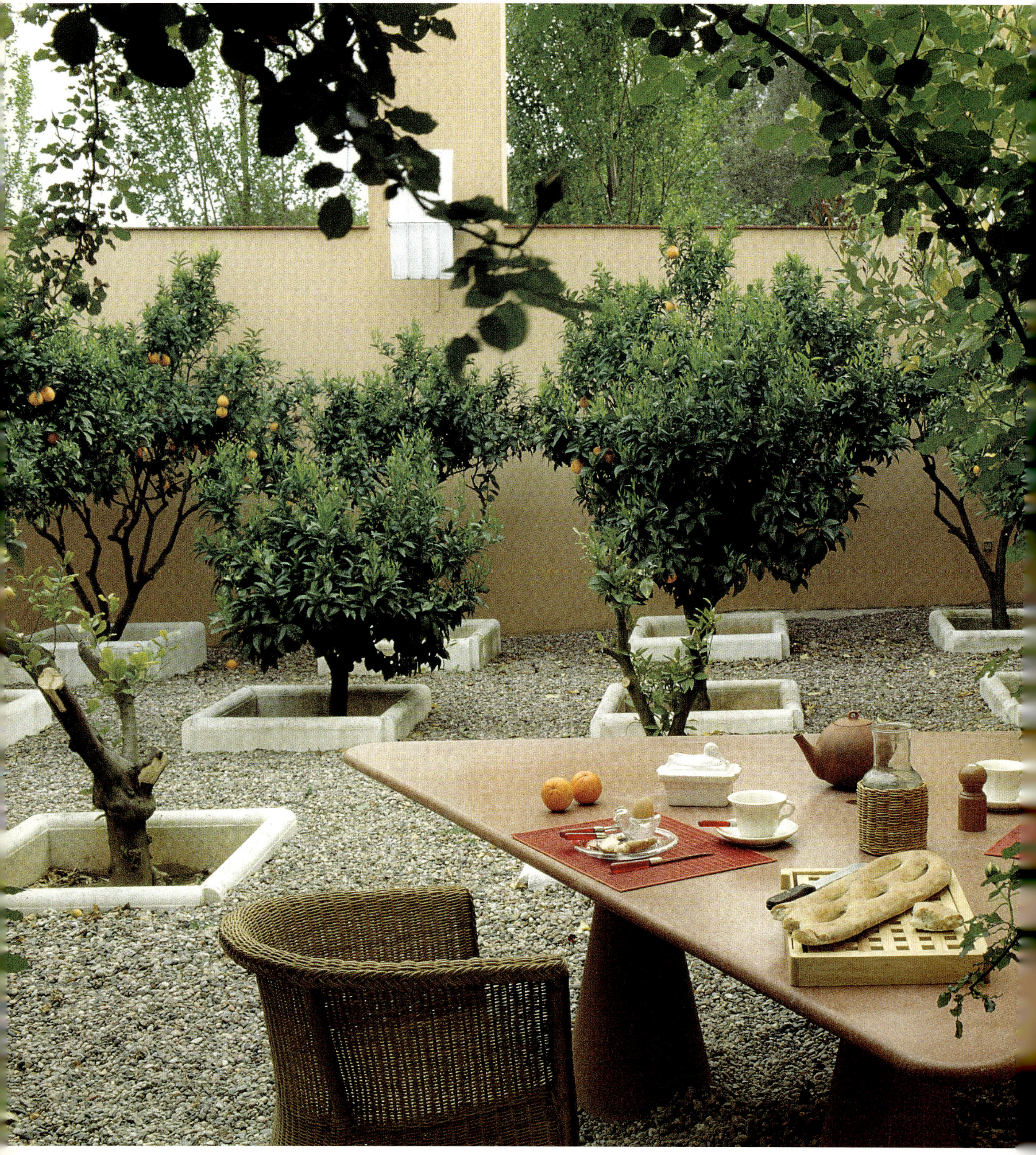

Der Innenhof ist mit Orangen- und Zitronenbäumen bepflanzt (links).
Das Blechdach über dem Hauseingang ist bemalt (ganz oben). *Das Sprungbrett des Swimmingpools* (oben); *hoch über dieser Ecke liegt der Hauseingang.*

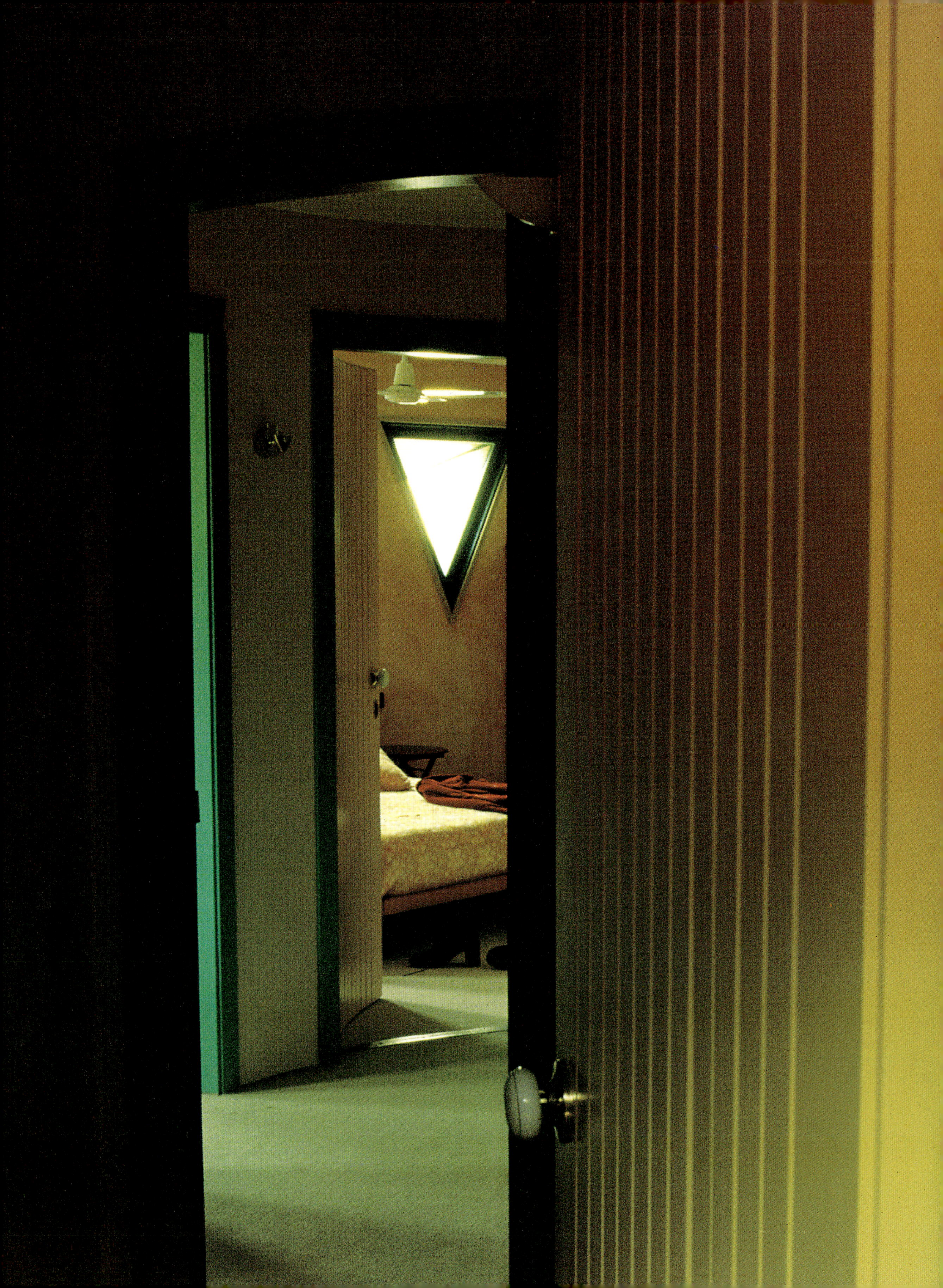

Manolo Núñez hat schon Stücke geschrieben, Bühnenausstattungen entworfen, Kulissen gemalt und sogar geschauspielert. Und zu Beginn seiner Karriere arbeitete er mit dem Architekten Ricardo Bofill in dessen *Taller de Arquitectura*, seiner Architekturwerkstatt, zusammen. Heute kann er zwar immer noch zwischen der Figur des Don Juan und dem Standbild des Komturs wählen, aber er befindet sich ständig im Wettlauf mit der Zeit. Und hat noch lange nicht gewonnen: Er hat ein Büro in Paris, ein zweites in Barcelona und Baustellen überall. Folglich ist er schon zufrieden, wenn er ein paar Wochen im Jahr mit Frau und Kindern in seiner spanischen Festung verbringen kann. Selbst im Sommer wird es dort nie zu heiß: Die Wände sind dick und die Fenster schmal. Die vom Salon und den Schlafzimmern liegen zu einem geschlossenen, bühnenähnlichen Innenhof hin. Abkühlen kann man sich außerdem in einem türkisfarbenen Swimmingpool – allein der Anblick ist schon erfrischend. Trotz seiner Größe ist er nicht für olympische Wettkämpfe geeignet: Seine Form, ein Viertelkreis, nähert sich der eines Amphitheaters an. Der provozierende Architekt behauptet von sich, er hasse die Architektur. Jedenfalls jene, die nur technische und funktionelle Antworten auf Fragen gibt, die weder das eine noch das andere sind. Für Núñez ist ein Haus das Theater des täglichen Lebens, und er betrachtet es als seine Aufgabe, dieses Leben freier, großzügiger und angenehmer zu gestalten.

Die Schlafzimmer öffnen sich zu einem ringförmigen Flur (links). *Auch die Bibliothek ist rund gebaut* (oben links). *Die Badezimmerfenster* (oben rechts) *sind dreieckig.*

112 ExtraVagant

Der Tisch im Esszimmer ist aus rotem, poliertem Beton. Das geometrische Tellerdekor an der Wand ist einem Tellerbüfett nachempfunden. Es stammt, wie das Drehtablett auf dem Tisch, aus Werkstätten von Handwerkern aus der Gegend. Klassische Korbsessel (rechts) *laden zum gemütlichen Verweilen ein.*

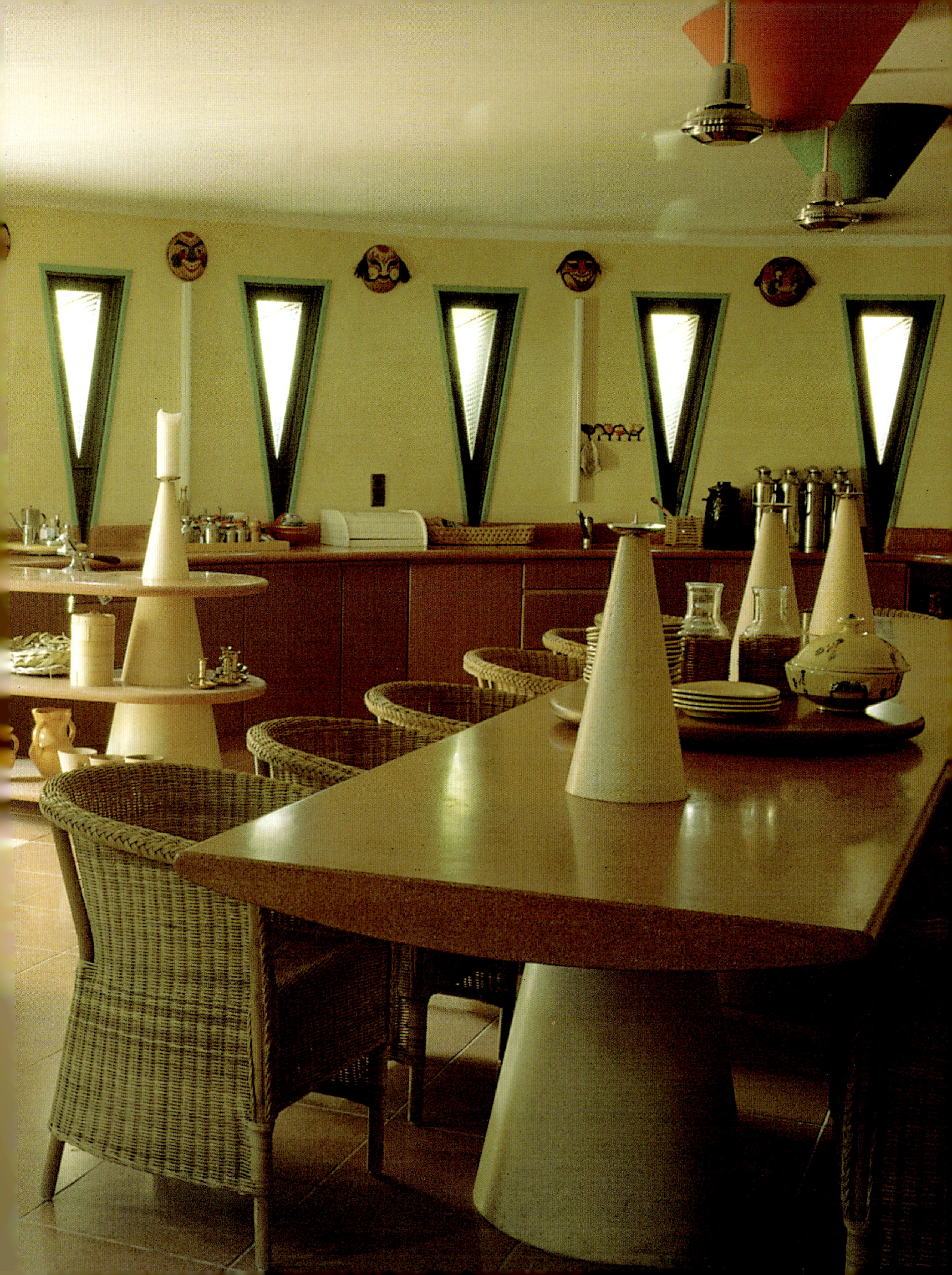

MINAS
DAS HAUS EINES SCHMUCKDESIGNERS AUF MYKONOS

Eine bewohnbare Skulptur

Minas liebt Silber. Er verarbeitet es zu Schmuckstücken, die wie glatt geschliffene Silberkiesel aussehen, und zu dekorativen Dingen für eine schöne Tafel. Die klaren Linien und sinnlichen Rundungen seiner Kreationen erinnern an die Kykladenkultur.

Der Athener Minas will sein Werk als Hommage an die fünftausend Jahre alte Kunst der Kykladeninseln verstanden wissen, eine Kunst, deren Tradition er fortsetzt. Sogar in der Architektur seines Hauses. Dafür kam nur ein einziger Ort infrage: Mykonos. Nicht jenes, das St. Tropez in puncto *sea, sex and sun* Konkurrenz macht, sondern die aus Granit geformte Insel mit den unberührten Stränden. Seine Materialien? Die gleichen, die die ersten Inselbewohner verwendeten: Erde, Stein, Holz. Die Frage nach der Farbe hat sich gar nicht erst gestellt: Weiß, sowohl innen wie außen.

Das perfekt in die Landschaft integrierte Haus besteht aus einer Aneinanderreihung von Würfeln mit abgerundeten Kanten und scheint bereits seit Jahrhunderten an seinem Platz zu stehen. Der Eindruck trügt, wie sich bei näherem Hinsehen herausstellt. Am Schwung der Treppen und an den Tür- und Fensteröffnungen, durch die der blaue Himmel ins Innere drängt, kann man erkennen, dass das traditionelle handwerkliche Können ergänzt wurde vom individuellen Talent des Künstlers. Das Haus trägt unverkennbar seine Handschrift.

Viele seiner Objekte sind aus Silber, aber Minas arbeitet auch mit Gold, Stahl, Marmor und Porzellan. Gleichgültig, ob er eine Halskette oder eine Schale, eine Uhr oder einen Korkenzieher entwirft, er versucht stets, funktionelles Design und ästhetische Form zu verbinden, damit der Wunsch geweckt wird, über die prallen Rundungen, die glatten Oberflächen zu streichen, zu denen er sich von pflanzlichen und mineralischen Strukturen inspirieren lässt. Die Natur ist für ihn ein unerschöpfliches Reservoir schöner Dinge. In der Abgeschiedenheit seines weißen Hauses fühlt er sich ihr am nächsten.

Zwischen blauem Himmel und blauem Meer

schmiegt sich Minas' weißes Haus auf den grauen Fels, einer Skulptur

oder den Objekten und Schmuckstücken gleich, die er entwirft.

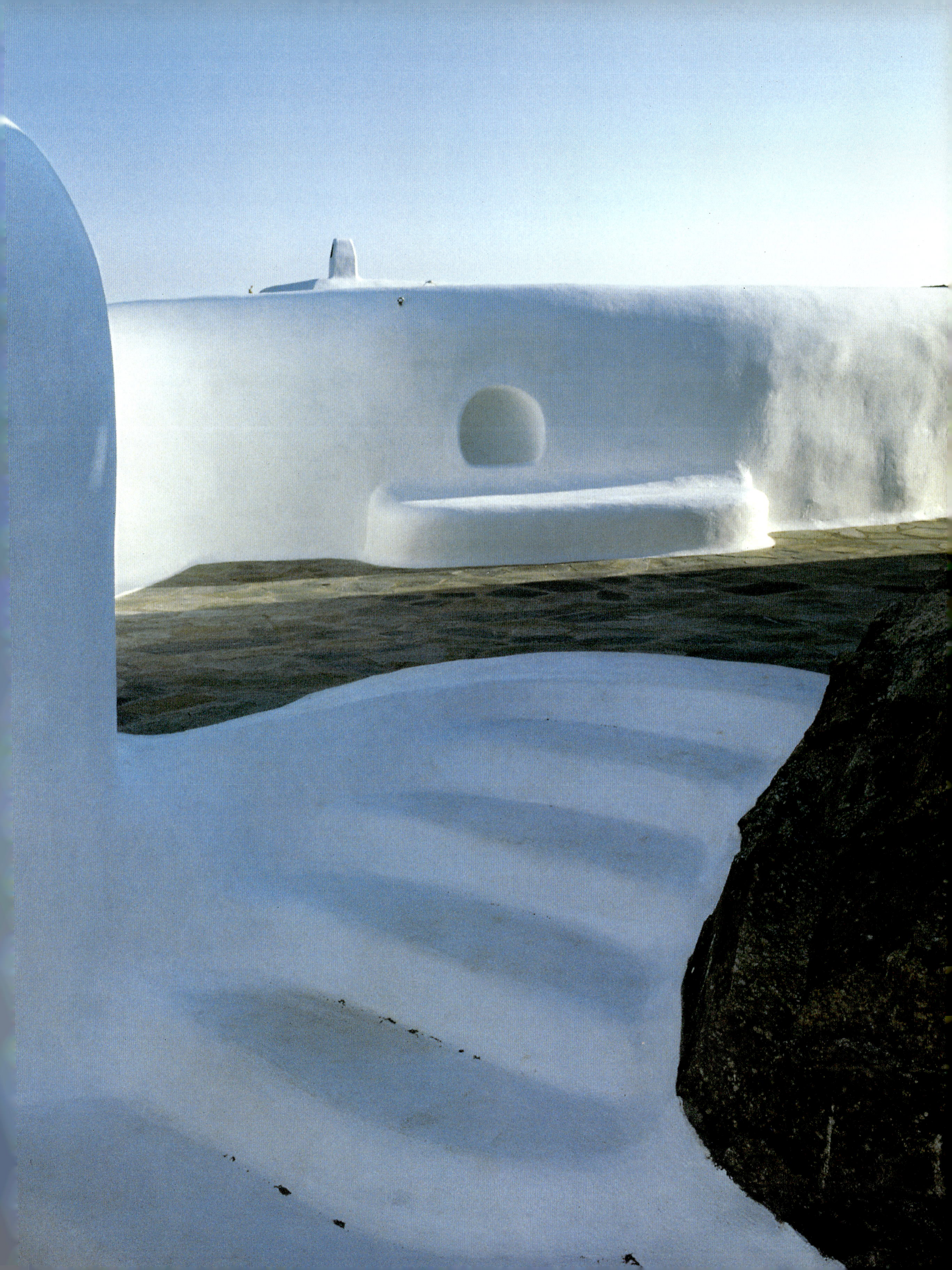

116 ExtraVagant

Das perfekt in die Landschaft integrierte Haus auf Mykonos, fern den übervölkerten Stränden und lauten Nächten, bietet Minas die Möglichkeit, neue Kraft zu tanken. Hier verbringt er nicht nur erholsame Ferien mit seiner Familie, sondern nutzt die Zeit auch zum Studium der Natur, seiner ergiebigsten Inspirationsquelle.

Die Garoustes

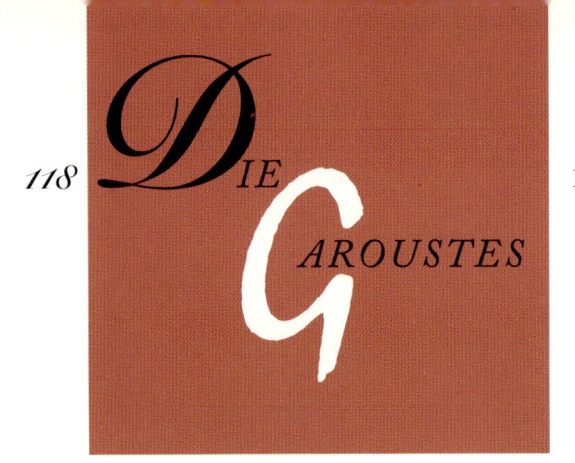

DER LEUCHTENDE BAROCK EINES UNGEWÖHNLICHEN PAARES

Eine geniale Verbindung

Bei »Künstlern« denkt mancher vielleicht an salopp gekleidete, in jeder Hinsicht unkonventionelle Leute, die zu den unmöglichsten Zeiten schlafen, den Alkohol lieben, in Cafés sitzen und schwatzen, hektische Schaffensphasen haben, zwischen glühender Begeisterung und schwärzester Niedergeschlagenheit pendeln und sich von einer Affäre zur nächsten hangeln. Aber weder die Garoustes noch ihr Haus passen in dieses Bild.

Das Paar lebt mit seinen beiden Söhnen, heute 21 und 26 Jahre alt, seit 1984 in einem wunderschön gelegenen Anwesen aus dem 17. Jahrhundert. Die Inneneinrichtung ist weitaus neuer. »Und wir haben alles selbst gemacht«, betont Elisabeth Garouste.

Alles? Alles. Skulpturen, Malereien und Fresken sind von Gérard Garouste, der nach Maurice Rheims, Kunstkritiker und Mitglied der Academie Française, »der bedeutendste zeitgenössische Maler« ist. Garouste arbeitet in jedem Zimmer des Hauses, hat sich aber zusätzlich zwei Ateliers eingerichtet: Eines ist für die Bildhauerei, das andere, ein weitläufiger Bau am Hang eines Hügels, für seine Monumentalgemälde reserviert.

Möbel, Stoffe, Leuchten und Kunstgegenstände, von denen manche seit dem Einzug da sind, andere vorübergehend hier untergebracht wurden, bis sie an einen Kunden oder eine Galerie ausgeliefert werden, stammen von dem berühmten Duo Garouste/Bonetti. Elisabeth Garouste und Mattia Bonetti sind sich Ende der 1970er Jahre im Privilège, dem Restaurant des legendären Nachtclubs von Fabrice Emer, begegnet. Nicht beim Tanzen, sondern beim Dekorieren. Das war der Beginn ihrer beruflichen Partnerschaft. Ihre erste, 1981 vorgestellte Kollektion sorgt gleichermaßen für Furore und einen Skandal. Für Jeanne Gambert de Loche, die Directrice von Jansen, statteten sie die weiß-goldenen Salons in der Rue Royale mit ihren Schmiedeeisenschränken, ihren Konsoltischen aus Pappmaché und ihren Kuhhautstühlen aus.

Der schmale Schrank aus weißem und grauem Terrakotta

mit schmiedeeisernen Beinen stammt aus dem Atelier Garouste/Bonetti.

Das Gemälde dahinter ist von Gérard Garouste.

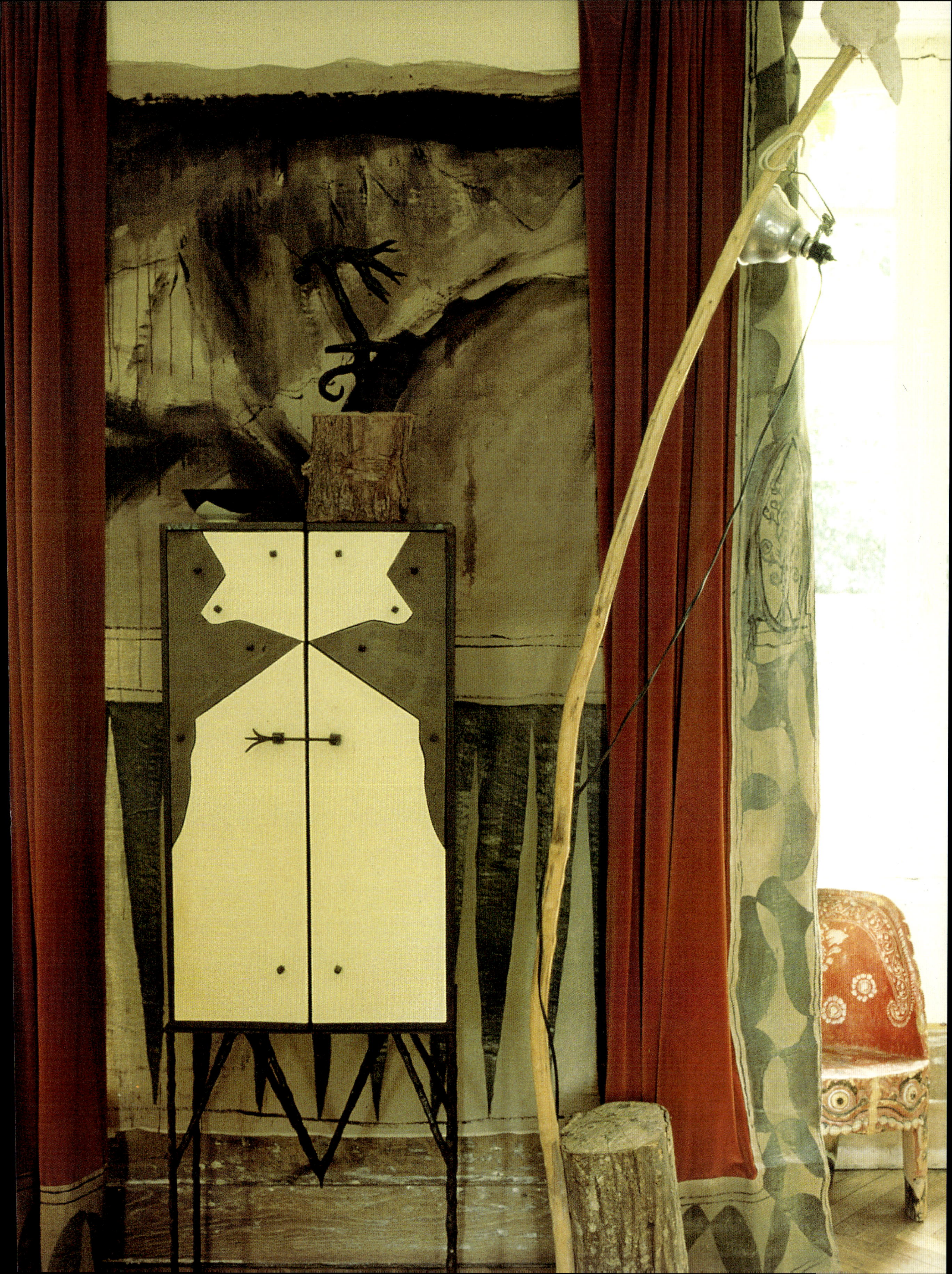

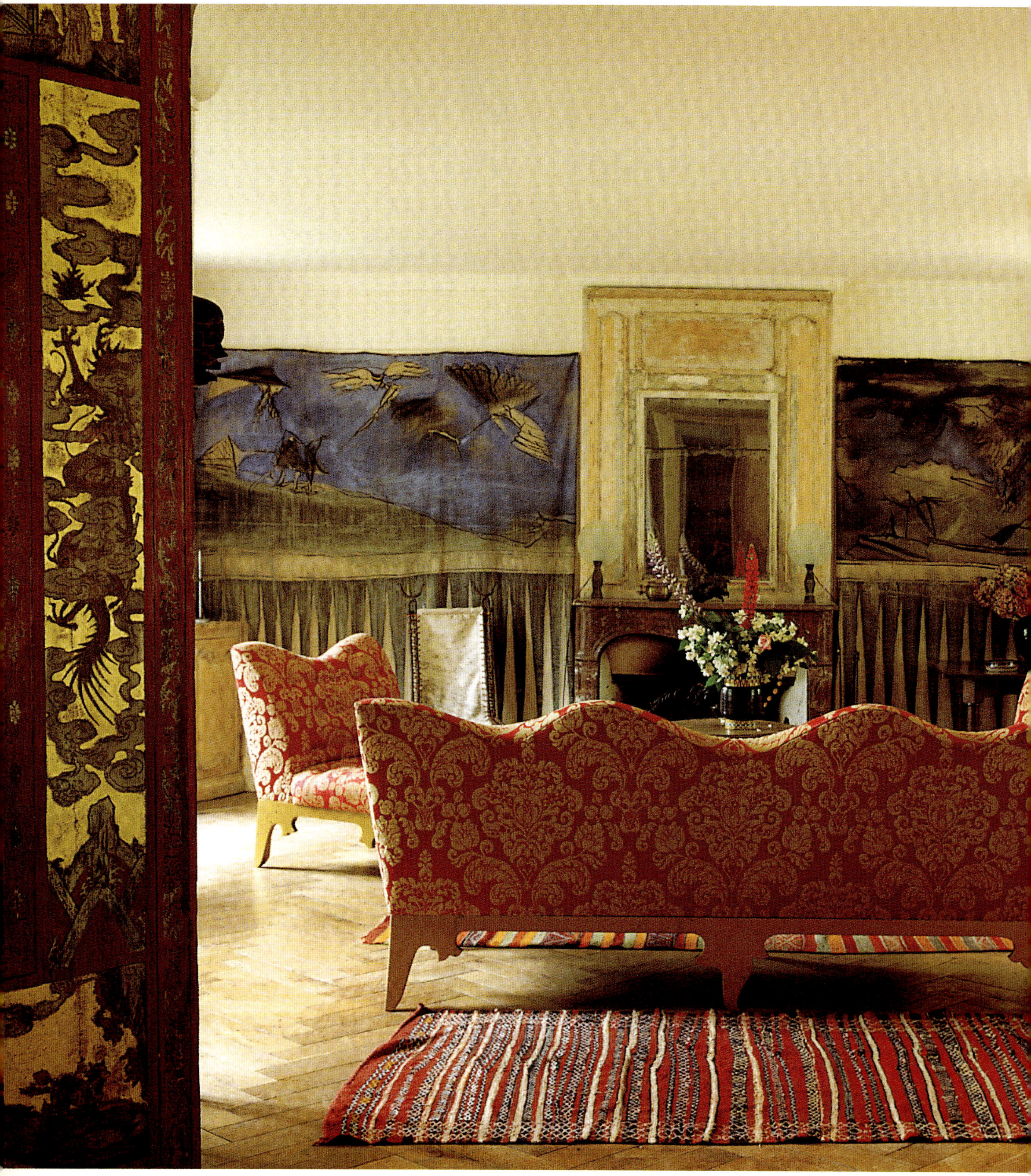

Die G*aroustes* *121*

*Zwei Paravents von der Koromandelküste rahmen den
Eingang zum Salon ein* (links). *Sofa und Sessel sind
mit Damast von Lelièvre bezogen. Sie sind Teil der Kollektion
Topkapi. Die auf Stoff gemalten Bilder zu beiden Seiten des
Kamins sind von Gérard Garouste. Die Pappmachéfiguren,
die den Konsoltisch tragen* (oben), *sind der Venus von
Willendorf, einer berühmten Kalksteinstatuette,
nachempfunden.*

Auf einem bemalten und mit unregelmäßigen Stahlplatten verzierten kleinen Schrank steht eine Maskenleuchte (oben links). *Beide Kreationen sind von Garouste/Bonetti für En attendant les barbares. Der schwarze Hut von Gérard Garouste wirkt wie eine Plastik auf dem alten Konsoltisch* (oben rechts). *Kunst ziert jeden Winkel, jede freie Fläche im Haus der Garoustes. Die gelbe Wand im Treppenhaus hat Gérard Garouste mit Graffiti bemalt* (S. 123). *Unter dem Ecktisch aus dunklem Holz ein Gipskopf.*

Garouste/Bonetti wurden buchstäblich über Nacht berühmt. Nicht nur für eine Viertelstunde, was jeder Mensch erreichen könne, wie Andy Warhol einmal meinte, sondern für ein Vierteljahrhundert. Ohne dass ein Ende abzusehen wäre. Mit ihrem schillernden, aus Geschichte und fremden Kulturen schöpfenden Barock haben sie eine von der nüchternen Sachlichkeit der Moderne ausgesparte Nische gefüllt. Ihre enorme kreative Produktivität hat einer ganzen Generation von Designern neuen Mut gemacht (und einer ganzen Armee von Nachahmern Arbeit gegeben). Und dank ihres unverschämten, grandiosen Stils ist auch das Interesse jener schwerreichen, blasierten Kundschaft, die mit Carlos de Beistegui und Marie-Laure de Noailles ausgestorben zu sein schien, wieder geweckt worden. Franzosen sind kaum anzutreffen unter den Milliardären, die die beiden Dekorateure ins Ritz oder ins Crillon bestellen; es sei denn, es handelt sich um echte Kunstkenner und -sammler, jene, die eine Schwäche für Jean-Michel Frank und Emilio Terry haben.

Herr Woo reiste von weit her an: Er ist in Hongkong als Anwalt tätig. Er beauftragte Garouste/Bonetti mit der Realisierung eines Traums, den er nicht einmal in Worte zu fassen vermochte, und ließ den beiden freie Hand. Jedes Detail in seinem vierstöckigem Wohnhaus wurde nach Maß entworfen und angefertigt. Die aus Paris eingeflogenen Maler blieben fünf Monate, um die Wände mit Blattgold zu beschichten. Noch extravaganter ist jener Japaner, der ganz verrückt nach Tigern ist und für den die beiden Künstler zahllose Möbel, Objekte und Stoffe mit Tigerdekor entwerfen; alles wird in Frankreich zugerichtet, ziseliert, bestickt.

Das Duo arbeitet auch für die Haute Couture, mit Aufsehen erregenden Ergebnissen: So

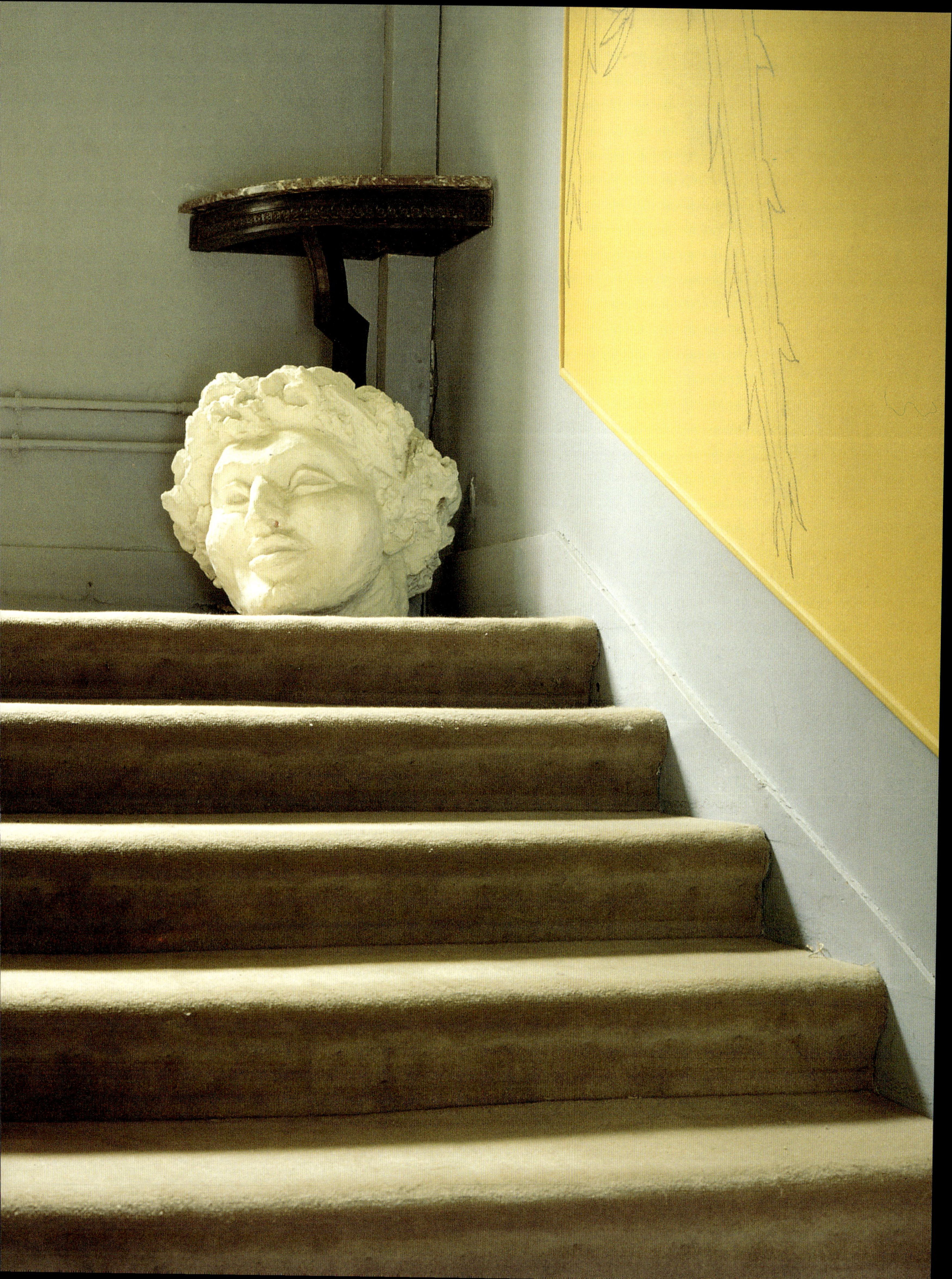

124 ExtraVagant

Gérard Garouste und seine Frau Elisabeth vor dem Terrakottaschränkchen, das sie 1981 für Néotu entworfen hat (oben). Der Maler arbeitet nicht nur in seinen Ateliers, sondern überall im Haus. In der Bibliothek, auf einem alten Holzstuhl sitzend, bereitet er oft seine Gouachen vor (rechts). Den wie zwei Äste geformten Schmuckständer (S. 125) hat sich Elisabeth Garouste für ihre Armreifen und Halsketten angefertigt.

haben sie etwa die Salons von Christian Lacroix in Fuchsia und Orange gestaltet und die pastellfarbenen Plastikverpackungen der Kosmetika und Parfüms aus dem Hause Nina Ricci entworfen, deren Design den Übergang von elitärem Wahn zum weit verbreiteten Gebrauchsgegenstand bildet. Ein anderes Beispiel: Karaffe, Glas und Aschenbecher Ricard, die auf jedem Kneipentisch und nicht selten auch in der Wohnung diebischer Gäste anzutreffen sind. Diebischer Gäste mit Kunstverstand, denn die Gegenstände werden jetzt schon als »Kultobjekte« gehandelt. Auch die Galerien, darunter Néotu in Paris und David Gill in London, sind vom Garouste-Bonetti-Fieber erfasst worden. Und das Gespann arbeitet unermüdlich weiter, vier Tage pro Woche in einem großen, gemeinsamen Atelier im Pariser Stadtteil Belleville.

Künstler wie Picasso oder Andy Warhol haben ihre Villen bereits zu Lebzeiten in Museen verwandelt und wie Tresore mit Kostbarkeiten angefüllt, um die sich dann die Erben in Prozessen streiten. Bei den Garoustes ist das anders. Alles in ihrem Haus ist Ausdruck ihrer Arbeit, ihres Talents und ihrer Fantasie; nichts wird protzig zur Schau gestellt, nichts deutet auf Investitionen nach Plan hin. »Zeit ist der wahre Luxus«, seufzt Elisabeth, die gern mehr davon hätte, um zu reisen, zu lesen oder im Garten zu arbeiten. Zeit, und sonst? Nichts, was man kaufen könnte: »Etwas besitzen heißt für mich, dass etwas abgeschlossen, zu Ende ist, und das erinnert mich zu sehr an den Tod. Ich möchte lieber Abstand halten, auf diese Weise bleiben meine Wünsche immer unerfüllt. Sehnsucht nennt man das.«

Wonach könnten sich die Garoustes sehnen? Sie sind renommierte Künstler, wohlhabend und führen in einem Haus, das ihnen ähnelt, das Leben, das sie sich gewünscht haben. Wie im Märchen gibt es in diesem Haus sogar einen geheimnisvollen, unerforschten Dachboden. Elisabeth Garouste hat nie eine Entdeckungsreise dorthin unternommen. Da sie eher eine »Ethnologin des Manierismus« als eine gewissenhafte Geschichtsforscherin ist, schöpft sie vorzugsweise aus einem traumversunkenen Mittelalter, einem verzauberten Afrika oder einem neu erfundenen Venedig. Statt alte Koffer zu öffnen, schließt sie lieber die Augen und gibt sich, sanft gewiegt vom Engel des Bizarren, ihren Träumen hin.

Alvis Vega

DAS SCHEINBAR SCHÄBIGE INTERIEUR EINES
VIKTORIANISCHEN HAUSES

Lizenz zum Zerstören

Liza ist 14, als sie Nicholas an der Holland Park School begegnet. Es ist Liebe auf den ersten Blick. Aber ihre Eltern schicken sie trotz großer Proteste nach Mexiko auf eine Klosterschule, damit sie dort ihren Abschluss macht.

Nicholas fährt ihr nach, die Romanze geht weiter. Da die beiden nicht in Verona leben, sondern im England der 1970er Jahre, lassen sich die Eltern zu guter Letzt erweichen. Und das war gut so: Liza Bruce und Nicholas Alvis Vega blieben zusammen und machten gemeinsam Karriere, erst in New York, später in London. Sie in der Modebranche – zum Heer der prominenten Kundinnen ihrer Boutique in der Pont Street zählen zum Beispiel Kate Moss, Naomi Campbell und Jennifer Lopez –, er in der Kunst: Alvis Vega organisiert Ausstellungen und arbeitet gleichzeitig an seiner Karriere als Designer.

Ihr Leben gleicht einem Märchen. Ihr Haus? Für sie auch. Beim Anblick der abgeblätterten Anstriche, zerfetzten Tapeten und kaputten Möbel, zwischen denen sie lange gelebt und an denen sie lange ihre Freude hatten, würde jeder Sauberkeits- und Ordnungsfanatiker die Flucht ergriffen haben. Aber die Geschmäcker sind nun einmal verschieden. So wie nationale Eigenheiten. Denn müde Eleganz war in Großbritannien immer schon sehr beliebt bei der feinen Gesellschaft. Alles Neue, Kitschig-Überladene ist verpönt. Aus dieser Tradition heraus entstand die Begeisterung für Vintage-Modelle, Kleidungsstücke eines bestimmten Jahrgangs, die zum Beispiel in Paris die Kassen der Luxus-Secondhandshops klingeln lassen und in Jeansläden eine wahre Jagd auf manche Levi's-Modelle ausgelöst haben.

Im Gegensatz dazu ist der *shabby chic*, der weder nach einem ganz bestimmten Etikett noch nach einem exakten Zeitabschnitt verlangt, weniger puristisch: Es darf nach Lust und Laune kombiniert werden. Der Erfolg des neuen Stils fällt mit den mageren Jahren

Die Essecke (rechts): *ein gusseiserner, weiß gestrichener Tisch, zwei Stühle aus goldfarbenem Holz und ein Kamin aus Schuttsteinen. Im Wohnzimmer* (folgende Doppelseite) *ein Sofa aus dem 18. Jahrhundert.*

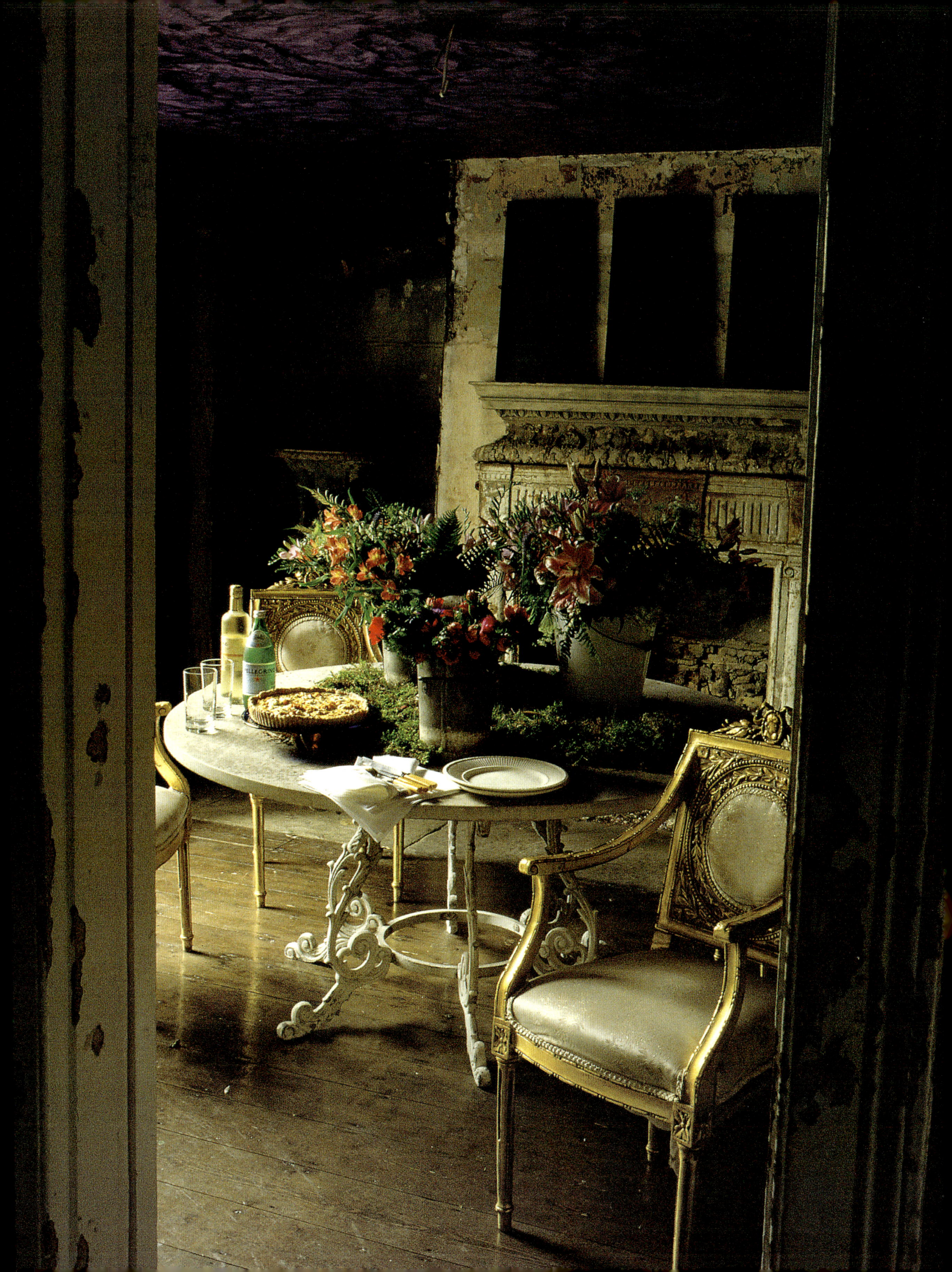

PISSMYSTIC

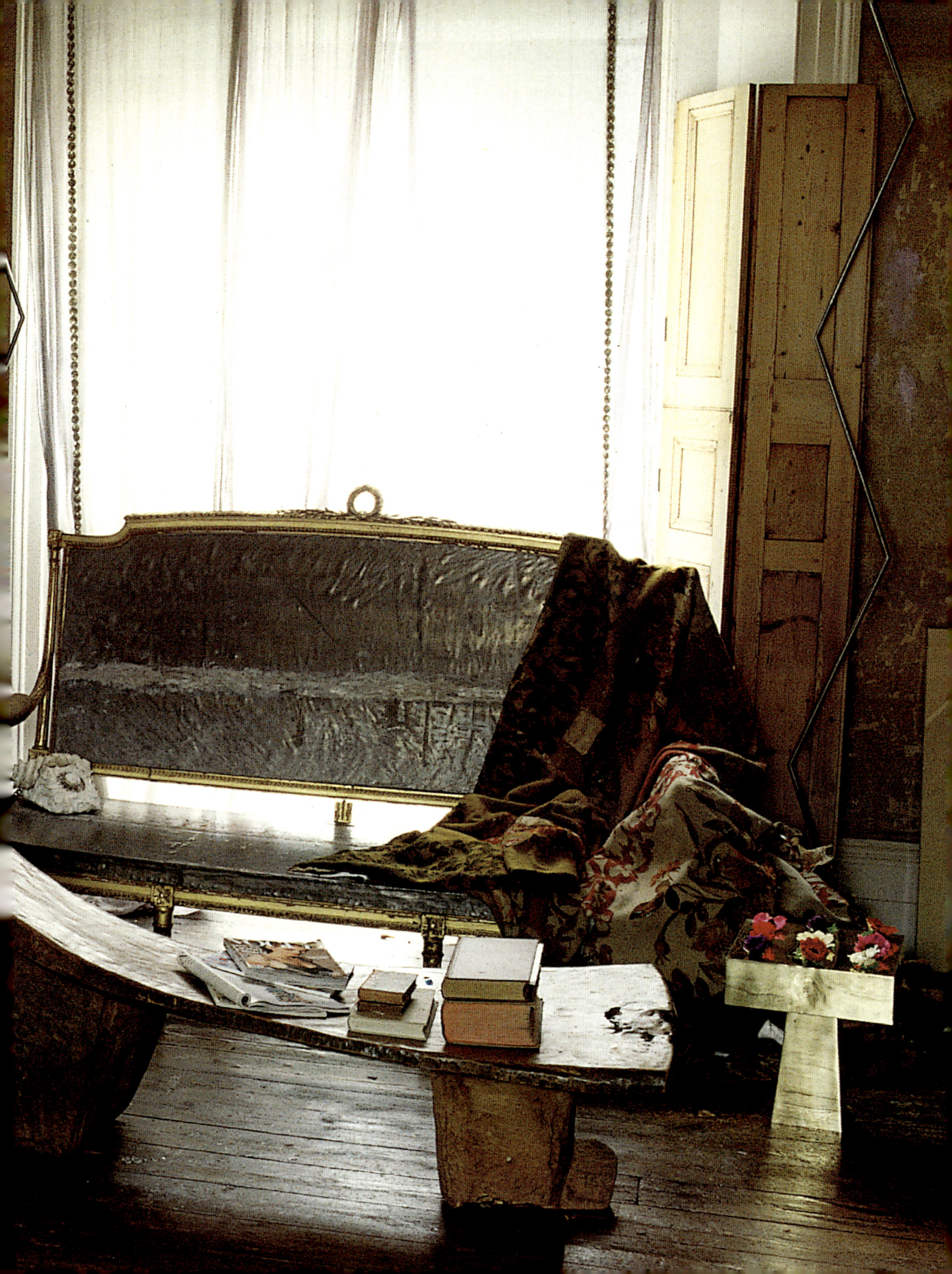

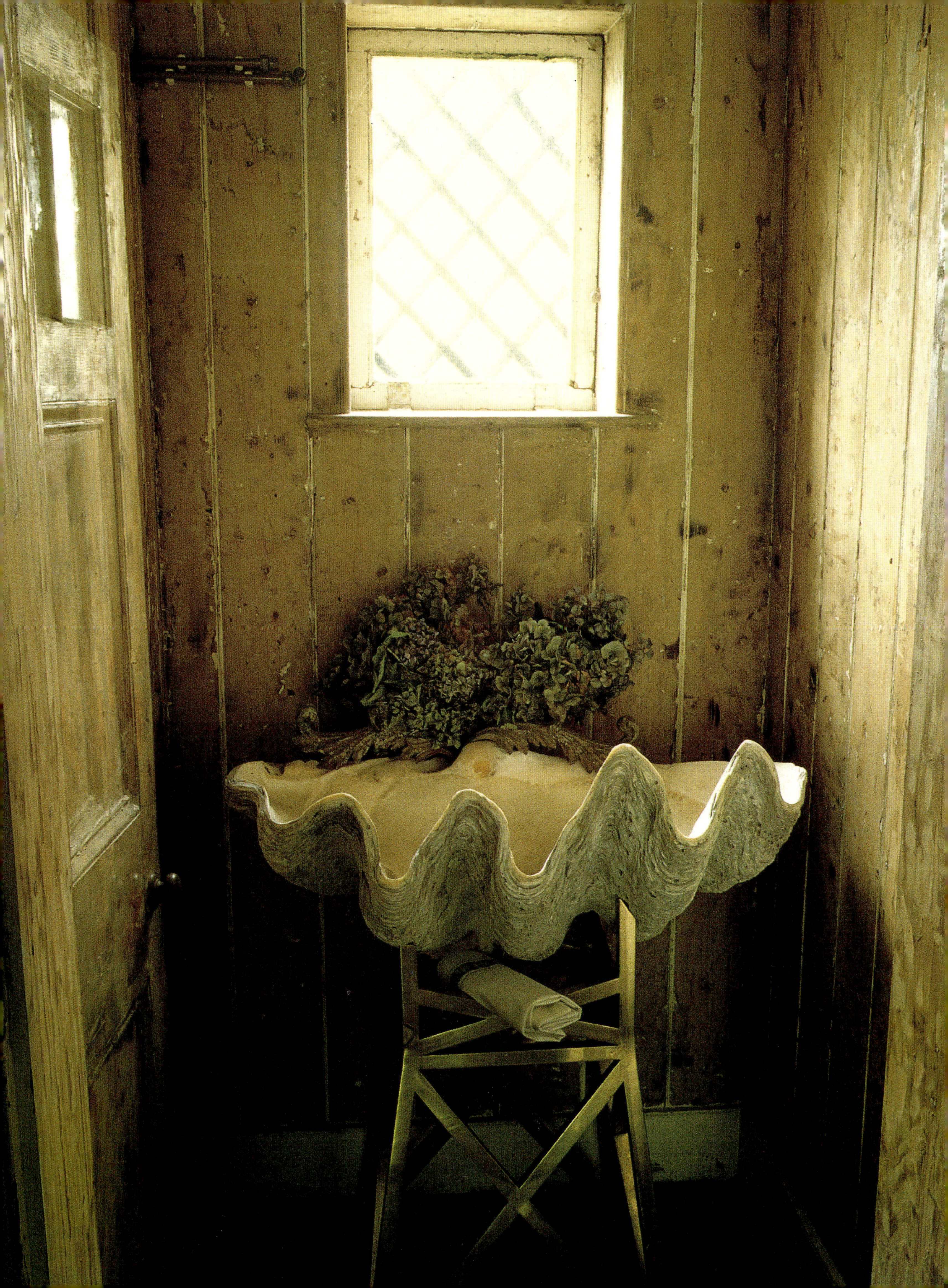

zusammen, als jeder Preis erlaubt ist, sofern er nur niedrig ist. Es geht nicht mehr darum, auf arm zu machen, sondern einen guten Look aus einem schmalen Geldbeutel herauszupressen, und müsste man das Abgenutzte und Zusammengeflickte eigens hinzuerfinden.

Unser Paar ist noch weiter gegangen: Ihr viktorianisches Haus in Shepherd's Bush ist eingerichtet, als ob es sich um eine jener leer stehenden Wohnungen handelte, in denen sich Obdachlose illegal aufhalten. »Das war eine Reaktion auf den riesigen, strukturlosen Loft, in dem wir vorher eine Weile gewohnt hatten«, sagt Liza. Das in winzige Kammern unterteilte Haus ist das genaue Gegenteil. Die Möbel sind Überreste aus der Vergangenheit. Und für den Innenausbau sind Altmaterialien verwendet worden. Aber hinter der scheinbaren Nachlässigkeit, den vermeintlich willkürlich kombinierten Dingen und dem originellen Konzept von Bequemlichkeit verbirgt sich eine ausgeklügelte Inszenierung: Jedes Zimmer ist wie ein Gemälde komponiert worden. »Und das«, sagt Nicholas, »war sehr viel schwieriger zu bewerkstelligen als ein herkömmlicher Umbau.« Den haben andere mittlerweile realisiert: Das Haus ist verkauft und renoviert worden.

Eine übergroße Muschelschale dient als Waschbecken in diesem poetischen, äußerst spartanisch eingerichteten Bad (links). *Das Schlafzimmer unter dem Dach* (oben) *mit einem Eisenbett, zwei Holztischchen und einem Bücherbord über dem Kamin.*

132 ExtraVagant

Liza Bruce und Nicholas Alvis Vega (ganz oben). Die Küche macht sich nicht das Geringste aus modernem Komfort (oben). Der Fußboden im Arbeitszimmer ist abgebeizt worden, die Wände sind in ihrem ursprünglichen Zustand belassen worden (rechts). Eine Sichtblende aus violettem Plexiglas zaubert ein besonderes Licht.

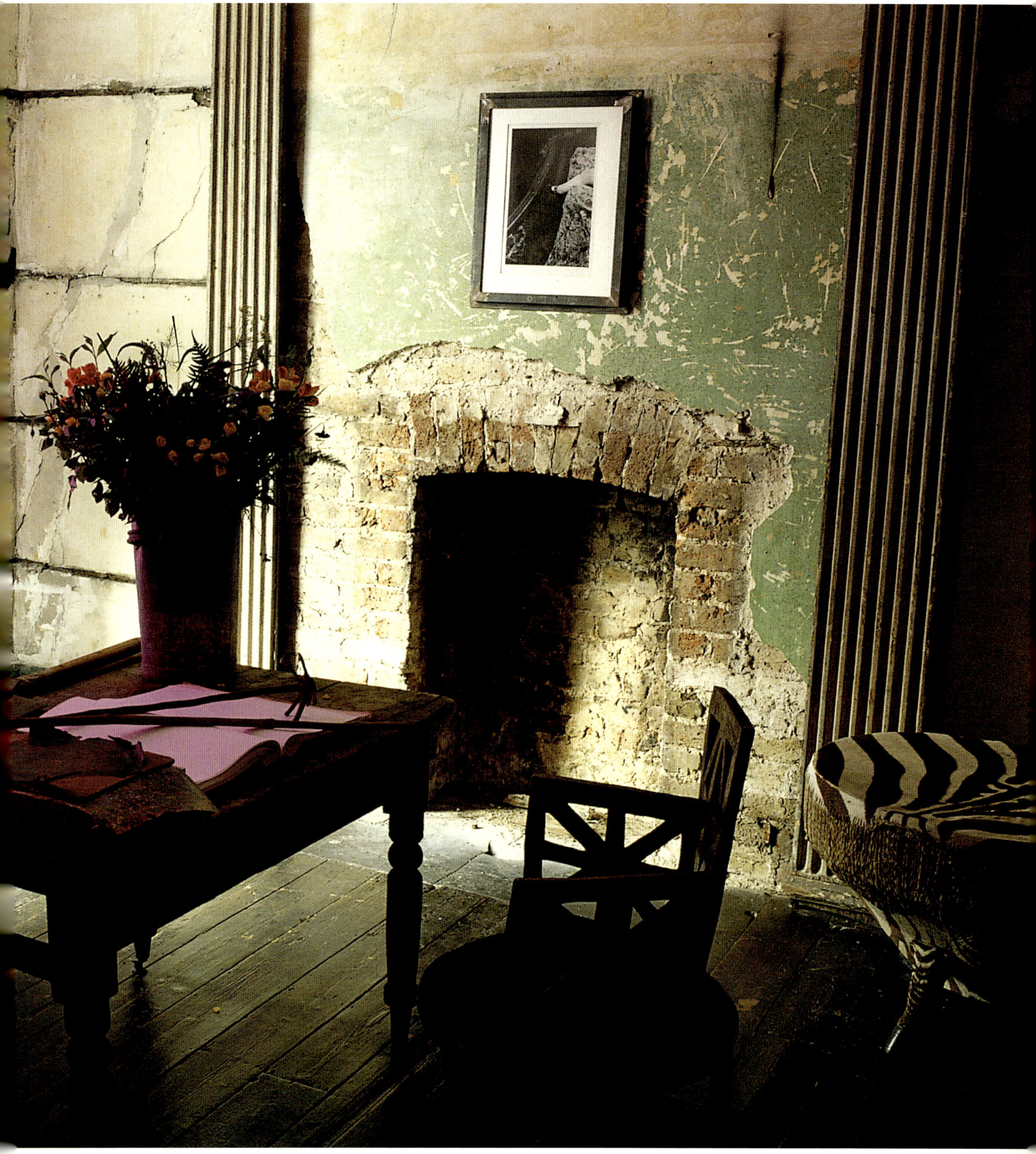

ROLAND BEAUFRE

EIN PARISER QUARTIER GANZ IM ZEICHEN DES DESIGN

Am Boulevard Barbès

Vor drei Jahren wohnte Roland Beaufre noch in der Rue de Paradis, der Straße der Glas- und Kristallwarengeschäfte, eines funkelnder und verlockender als das andere. Hunderte von Spotlights und ein Warenbestand, der in die Millionen geht, brachten aber kein Leben in diese muffige Gegend. 1990 hat die Straße dann auch noch das Musée de la Publicité verloren: Es hat sich seinem Vormund, dem Musée des Arts décoratifs, das wiederum dem Louvre angegliedert wurde, angeschlossen. Roland ist ebenfalls weggezogen. Da er überzeugt war, in Paris niemals sein Paradies finden zu können, sah er sich nach etwas um, was seine Sehnsucht nach Wärme, Farben und Gerüchen, sein Heimweh nach Tanger am ehesten zu stillen vermochte. Er fand es am Boulevard Barbès, gegenüber von Tati, dem Kaufhaus, dessen Papiertüten rosa Farbtupfer im ganzen Viertel und weit darüber hinaus setzen.

Montmartre liegt gleich nebenan, bis zur Place Pigalle ist es nur ein Katzensprung, aber im Gegensatz zu seinen lauten Nachbarn zieht der Boulevard Barbès weder Touristen noch Ganoven an. Sobald die Ladenbesitzer abends die Rollläden heruntergelassen haben, herrscht kaum noch Verkehr in der Straße mit den ehrwürdigen Mehrfamilienhäusern, deren Eingänge blitzblank poliert sind, und den kleinen arabischen, afrikanischen oder indischen Restaurants, die von ihren Stammgästen leben. Das Haus, in dem Roland Beaufre wohnt, hat sogar eine Eingangshalle aus rotem Marmor, und die Fenster im Treppenhaus zieren Glasmalereien, wie sie um 1900 modern waren.

Die zum Hinterhof gelegene Dreizimmerwohnung war klassisch und hoffnungslos konventionell, als er sie entdeckte. Viel schlimmer noch als hässlich: langweilig. Aber er war begeistert von der ethnischen Vielfalt der Märkte in den Straßen, den orientalischen Lebensmittelläden und den tunikaähnlichen afrikanischen Gewändern in den Auslagen. Und als

Im Schlafzimmer hat Roland Beaufre ein Kuhfell
über dem Bett aufgehängt. Den Bettüberwurf hat er auf einem Markt entdeckt.
Stehleuchte von Thierry Peltraut. Der Teppich ist aus Marokko.

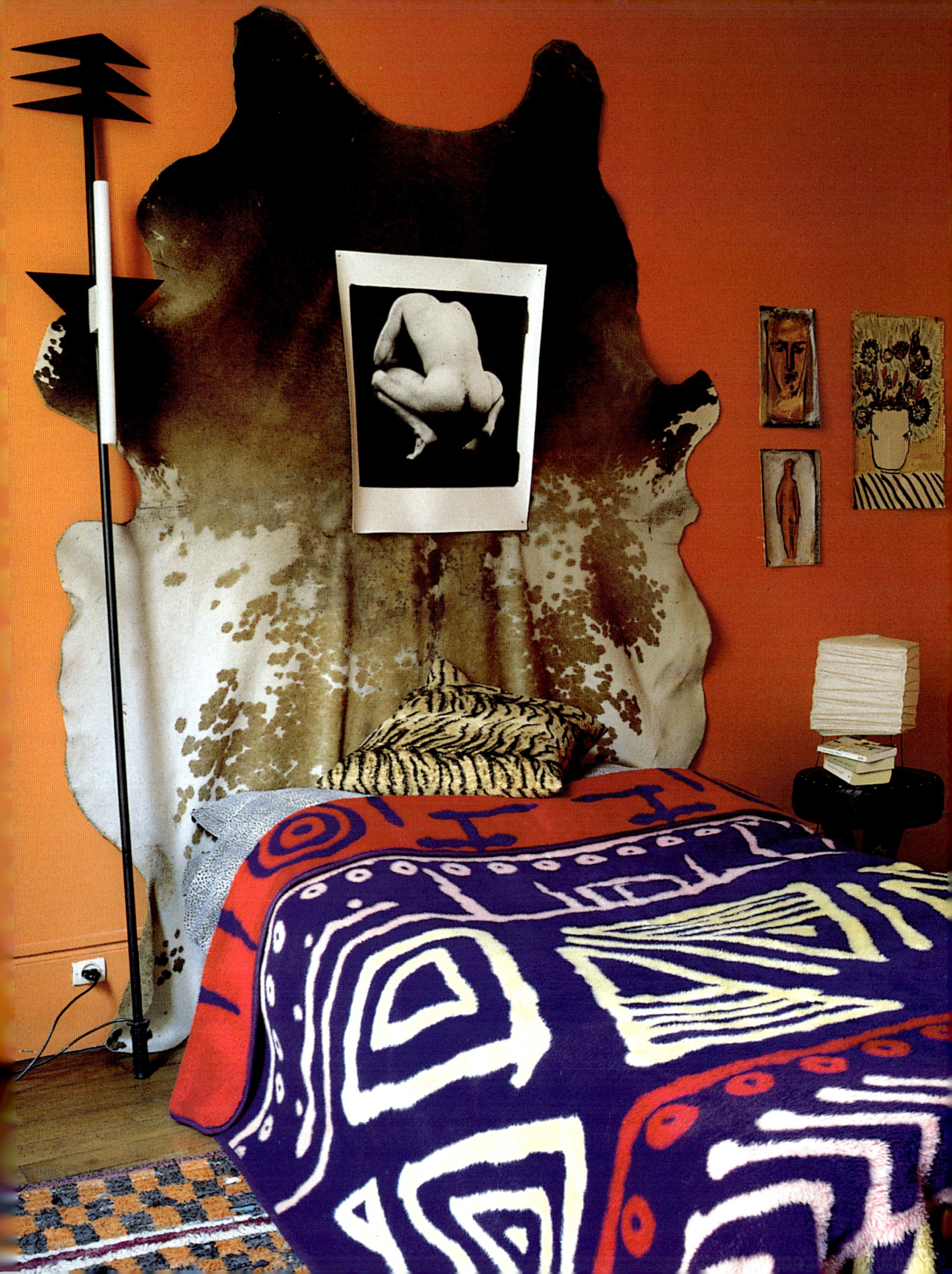

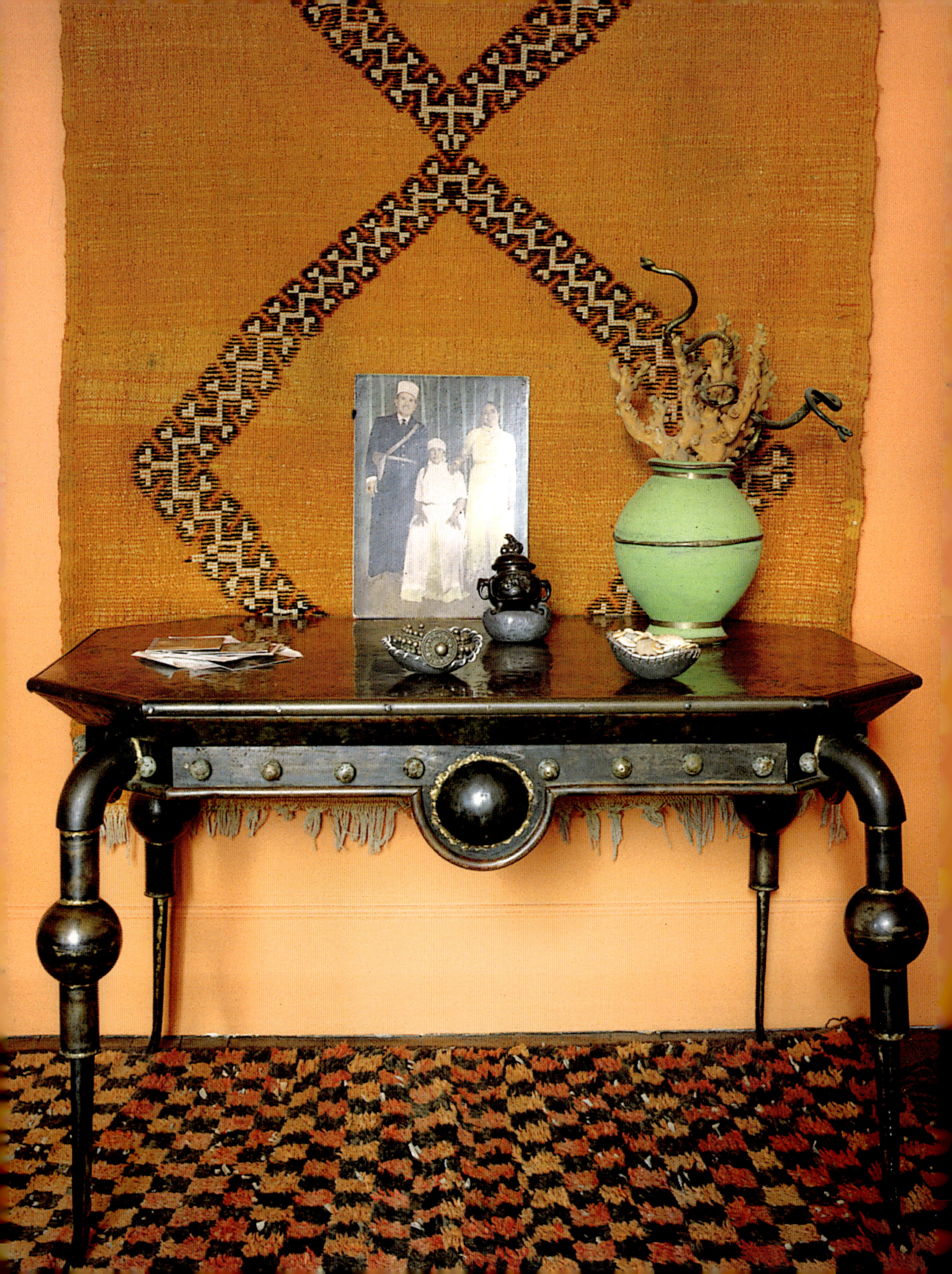

Der Tisch ist eine Gemeinschaftsarbeit von Dixon und Dubreuil (S. 136). Er ist aus patinierter Bronze mit kupfernen Schweißnähten. An der Wand ein Teppich aus den 1960er Jahren. Blick ins orange gestrichene Schlafzimmer (links). Der von Dixon entworfene Stuhl in der Ecke (links u. unten) ist aus patiniertem Metall und hat einen Fahrradlenker als Lehne.

er dann noch den Ruf des Muezzin von der nahen Moschee hörte, beschloss er, die Wohnung zu nehmen. Und seine Freude an ihr zu haben.

Sein mit Farben belebtes, mit Fantasie geschminktes und mit spielerischer Leichtigkeit eingerichtetes Quartier macht ihm die Zeit in Paris erträglicher. Außerdem verbringt Roland jeden Urlaub und mindestens eine Woche pro Monat in Tanger, seiner Heimatstadt, die so viele, die nur ein paar Tage bleiben wollten, nie wieder ganz verlassen haben. Für Truman Capote, Tennessee Williams, William S. Burroughs, Allen Ginsberg und Jean Genet stellte Tanger einen festen Bezugspunkt in einem rastlosen Leben dar. Delacroix brachte tausende Skizzen von dort zurück, Matisse entdeckte in Tanger das Licht und Paul Bowles »Weisheit und Ekstase«, wie er es einmal nannte.

Roland Beaufre hat bei der Rückkehr nach Paris regelmäßig Blumensträuße, Gewürze und natürlich auch wehmütige Erinnerungen an Sonne und Meer im Gepäck. Gelegentlich auch eine Vase oder einen Teppich, aber mehr Folklore darf es für sein Interieur, das ganz im Zeichen des Design steht, nicht sein.

Bevor er Fotograf und Mitarbeiter bei einer ganzen Reihe von Magazinen wurde, studierte er Architektur an der École des Beaux-Arts und gründete 1984 gemeinsam mit Frédéric de Luca die Firma En attendant les barbares. Dahinter steckte der Gedanke, von jungen Designern entworfene Möbel und Objekte in Marokko von erstklassigen Handwerkern herstellen zu lassen. Schnell nahmen die Produktions- und Vertriebsprobleme Roland Beaufre so in Anspruch, dass keine Zeit mehr für anderes blieb. Er zog sich aus dem Geschäft zurück, hielt aber den Kontakt zu seinen Künstlerfreunden aufrecht.

In seiner Wohnung findet man Erstlingsarbeiten von Tom Dixon, André Dubreuil und Patrick Nagar, die er schon zu Beginn ihrer Laufbahn kannte und förderte. Diese Sammlerstücke hat er mit einem Teppich aus den Souks, einem Kuhfell und einer grell gemusterten Fleecetagesdecke kombiniert. Im Wohnzimmer steigen rote, schwarz eingefasste Streifen zur Decke hinauf. Im Schlafzimmer herrscht dank eines sonnigen Anstrichs ewiger Sommer. Und im Bad, einer Rhapsodie in Blau, schmücken Motive wie aus David Hockneys Swimmingpool-Bildern die gefliesten Wände. Das weiße Arbeitszimmer gibt sich brav, doch manche der hier gestapelten Zeitungen machen sich einen Spaß daraus, Kunst, Mode oder Innenausstattung zu zerpflücken. Roland Beaufre dagegen hat sich entschieden, sie in seinen eigenen vier Wänden in lebendige Energie zu verwandeln.

Der Stuhl Spine *von Dubreuil und ein Tisch von Dixon (S. 138). Die Streifen im Wohnzimmer sind freihändig gemalt worden (unten). Das Sofa und der Hocker, beide mit Schonbezügen aus Jersey, stammen aus den 1970er Jahren. In der Ecke eine Plastik von Ciborovski aus rotem Blech.*

DANIEL HOURDÉ

EIN SPEKTAKULÄR IN SZENE GESETZTES ATELIER

Wie im Theater

Wenn Daniel Hourdé zu Hause ist, steht die Tür zu seinem Loft offen. Um dahin zu kommen, muss man aber erst durch eine elektronisch gesicherte Haustür; danach geht es durch einen langen, düsteren Gang und einen Hinterhof. Stünde die Tür zum Loft nicht offen, würde man ratlos und verärgert wieder gehen: Bei Hourdé spielt nämlich Musik bei der Arbeit und deshalb hört er nicht, wenn jemand kommt. Also tritt man, ohne anzuklopfen, ein und erschreckt einen nackten Adonis, der in aller Eile Jeans und T-Shirt überstreift und fragt: »Soll ich morgen wiederkommen?« Das ist das Modell. »Ja, wir machen morgen weiter«, antwortet Daniel Hourdé. Das ist der Bildhauer.

Das überglaste Atelier befindet sich in der Mitte der Räume. Von hier kann man, weil es keine Trennwände gibt, ins Schlafzimmer des Hausherrn und in das Zimmer seines 15-jährigen Sohnes schauen. Der hat bisher ein Internat in der Provinz besucht und soll jetzt in Paris auf ein »gutes Gymnasium« gehen. Sehr zum Leidwesen seines Vaters weiß er noch nicht, was er später einmal werden will.

Daniel Hourdé hat mit 15 Jahren schon ganz genau gewusst, welche Berufe er auf gar keinen Fall erlernen wollte: Jurist, Naturwissenschaftler, Arzt und so weiter. Von seinem Taschengeld hatte er sich bereits mehrere afrikanische Kunstgegenstände gekauft. So kam es, dass er, ein kundiger Käufer und guter Verkäufer, 1988 gemeinsam mit Philippe Ratton, einem Jugendfreund, in St.-Germain-des-Prés eine Galerie für so genannte primitive Kunst eröffnete. Gleichzeitig setzt er seine 1975 begonnene Karriere als Plastiker fort, wobei er sich bewusst gegen die vorherrschenden Tendenzen stellt und Moderichtungen ignoriert, auf neue Form- und Gestaltungsweisen verzichtet und Provokationen meidet. Seine Kohlezeichnungen sind wie seine Bronzen beunruhigend realistisch und den Werken Rodins oder Bourdelles näher als jenen seiner Zeitgenossen. Dargestellt sind fast immer kräftige, mus-

Die vergoldeten Stühle sind wie das Sofa mit Samt bezogen.
Die neapolitanischen Möbel aus dem 19. Jahrhundert stehen im Schlafzimmer,
das durch eine Glasscheibe vom Atelier abgeteilt ist.

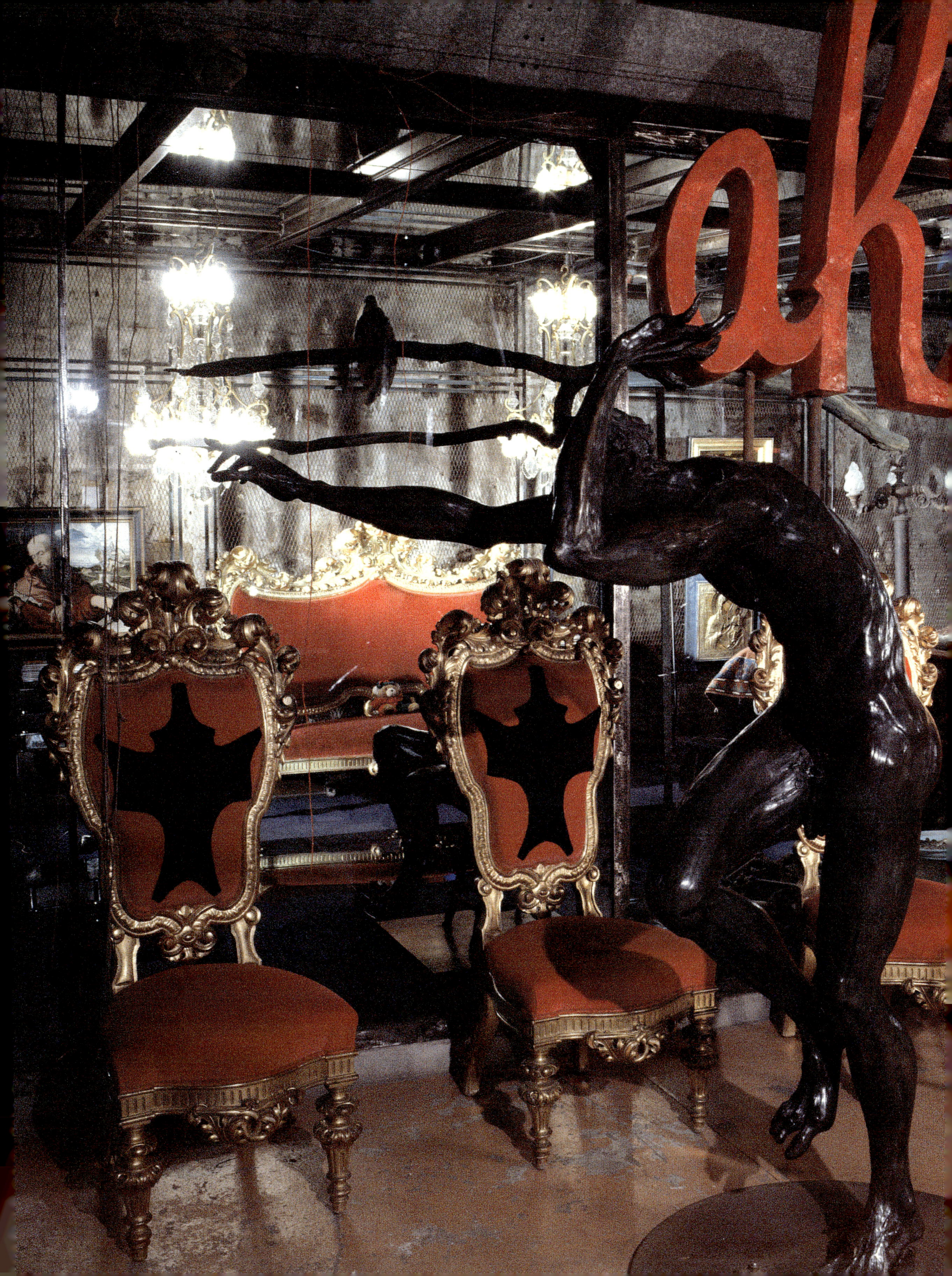

142 ExtraVagant

kulöse, sehnige Männer. Männer in Bewegung und in Lebensgröße. Das heißt, sie sind, wie ihr Schöpfer, alle über einen Meter achtzig groß. »Ich habe diese Maße im Gefühl, in den Händen. Ich könnte gar nichts anderes zu Wege bringen«, behauptet Daniel Hourdé. Er möchte nicht über seine Arbeiten sprechen, er sagt nur: »Wenn ich diesen Beruf nicht hätte, wäre ich wahnsinnig geworden.« Oder, was auch denkbar wäre, Regisseur. In seinem Loft kommt man sich vor wie im Theater. Abends setzt die Beleuchtung dramatische Akzente und verschärft den Kontrast zwischen dunklen Wänden, kostbarem Samt, leuchtenden Farben, nacktem Stahl und patiniertem Gold. Vom Bett auf dem Marmorpodest einmal abgesehen, sucht man allerdings vergeblich nach einer bequemen Sitzgelegenheit. Sofa und Stühle im neapolitanischen Stil des 19. Jahrhunderts stehen ihrer prachtvollen Holzschnitzereien wegen da und nicht, um sich darauf zu setzen. Bleiben die Orientteppiche, auf denen man sich niederlassen kann. Aber nicht mehr lange: Daniel Hourdé möchte den Boden komplett mit schwarzem Granit fliesen. Da und dort fällt ein erlesenes Möbelstück auf: ein italienischer Marketerietisch oder ein rustikales holländisches Büfett mit weichen Formen. Sie haben ihren Platz noch nicht gefunden. Die aus Baumaterial improvisierte Bibliothek hingegen schon. Selbst wenn man wollte, könnte man sie kaum vom Fleck bewegen: Sie wiegt einige Tonnen. Und umfasst etliche hundert Bände.

Andere Objekte stammen aus ferneren räumlichen und zeitlichen Dimensionen: eine peruanische Mumie, ein ägyptischer Sarkophag und viel afrikanische Kunst. Eine raffiniert auf einem Sockel platzierte Astgabel erweckt Neugier: Von Deacon? Oder Degottex? »Die habe ich bei einem Waldspaziergang gefunden«, erklärt der Hausherr. Immerhin muss man einen Blick für solche Dinge haben. Und sich die Zeit zum Spazierengehen und gemächlichen Schlendern nehmen. Ja, er lasse es »langsam, lässig, gemütlich« angehen, hart an der Grenze zur Faulheit, bekennt Hourdé. »Cool« würden es die jungen Leute nennen und die Werbeagenturen, die den Schlaffi-Look und geruchlose Parfüms vermarkten.

Cool, aber sportlich. Behände klettert der Hausherr die Strickleiter hinauf, die im Schlafzimmer schaukelt: Durch eine Falltür in der verspiegelten Decke gelangt Romeo ins darüber liegende Stockwerk, wo seine Julia wohnt.

Die Bibliothek hat Hourdé aus Eisenträgern und anderem Baumaterial konstruiert (S. 142 oben). *Das Bett steht auf einem Sockel aus schwarzem Marmor* (oben links). *Statt Türen haben die Kleiderschränke Samtvorhänge* (ganz oben rechts). *Sogar die Küche, in der der Kühlschrank hinter einer Verkleidung versteckt wurde* (oben), *ist in Hourdés Lieblingsfarben, Rot und Nachtblau, gestaltet.*

ROSENBORG — DAS ROSENSCHLOSS, EINE KÖNIGLICHE RESIDENZ IN DÄNEMARK

Skandinavischer Barock

Der dänische König Christian IV., der im Krieg ein Auge verloren hatte, schloss 1648 auch das andere, und zwar für immer. Er hatte Ludwig XIV., der 1643 im Alter von fünf Jahren den französischen Thron bestiegen hatte, nie kennen gelernt. Und damit wirklich etwas verpasst. Hätte er länger gelebt und seinen französischen Kollegen eines Tages in Versailles besucht, hätten sie sich über ihre Untergebenen unterhalten und sich vielleicht gegenseitig ihr Leid klagen können. Sicher noch mehr Gesprächsstoff hätte ihnen ein anderes, faszinierendes Thema geboten: die Architektur ihrer Schlösser, in die sie beträchtliche Energie und ein ebensolches Vermögen investiert hatten.

Wie der Sonnenkönig war auch Christian IV. ein großer Baumeister, wenngleich in bescheidenerem Rahmen. Zu seinen Lebzeiten überschattete jedoch sein Hang zum übermäßigen Trinken, seine Vergnügungssucht und seine Leichtlebigkeit die ihm zustehende Anerkennung. Erst nach seinem Tod wurden seine Verdienste gebührend gewürdigt: Dänemark hat ihm den überwiegenden Teil seiner Kirchen und Schlösser zu verdanken, und das macht ihn heute zu einem Nationalhelden.

Seine Residenz war ein sichtbares Zeichen seiner Macht. Und das Volk sollte sich, quasi als Ersatz für andere Genüsse, daran erfreuen. Christian IV. verschaffte der Bau seiner Paläste aber noch eine zusätzliche Befriedigung. Da er sich für Technik begeisterte, tüftelte er immer wieder an Erfindungen, die er erst zu Papier brachte und dann als dreidimensionales Modell nachbaute. So hatte er beispielsweise einen Mechanismus ersonnen, der es ihm ermöglichte, die Zugbrücke von innen selbst zu betätigen. Und im Wintersalon wurden in den Wänden Rohre verlegt, die wie Lautsprecher funktionierten: Sie leiteten die von einem Orchester in einem anderen Teil des Schlosses gespielte Musik in den Salon. Wie man sich denken kann, trauten die Gäste ihren Ohren nicht.

Seine Schwiegertochter Sophie Amalie, die Gattin Friedrichs III., teilte seine Leidenschaft

Die Elfenbeinschnitzerei in dieser Silberschale aus dem 17. Jahrhundert stellt eine Allegorie des salomonischen Urteils dar.

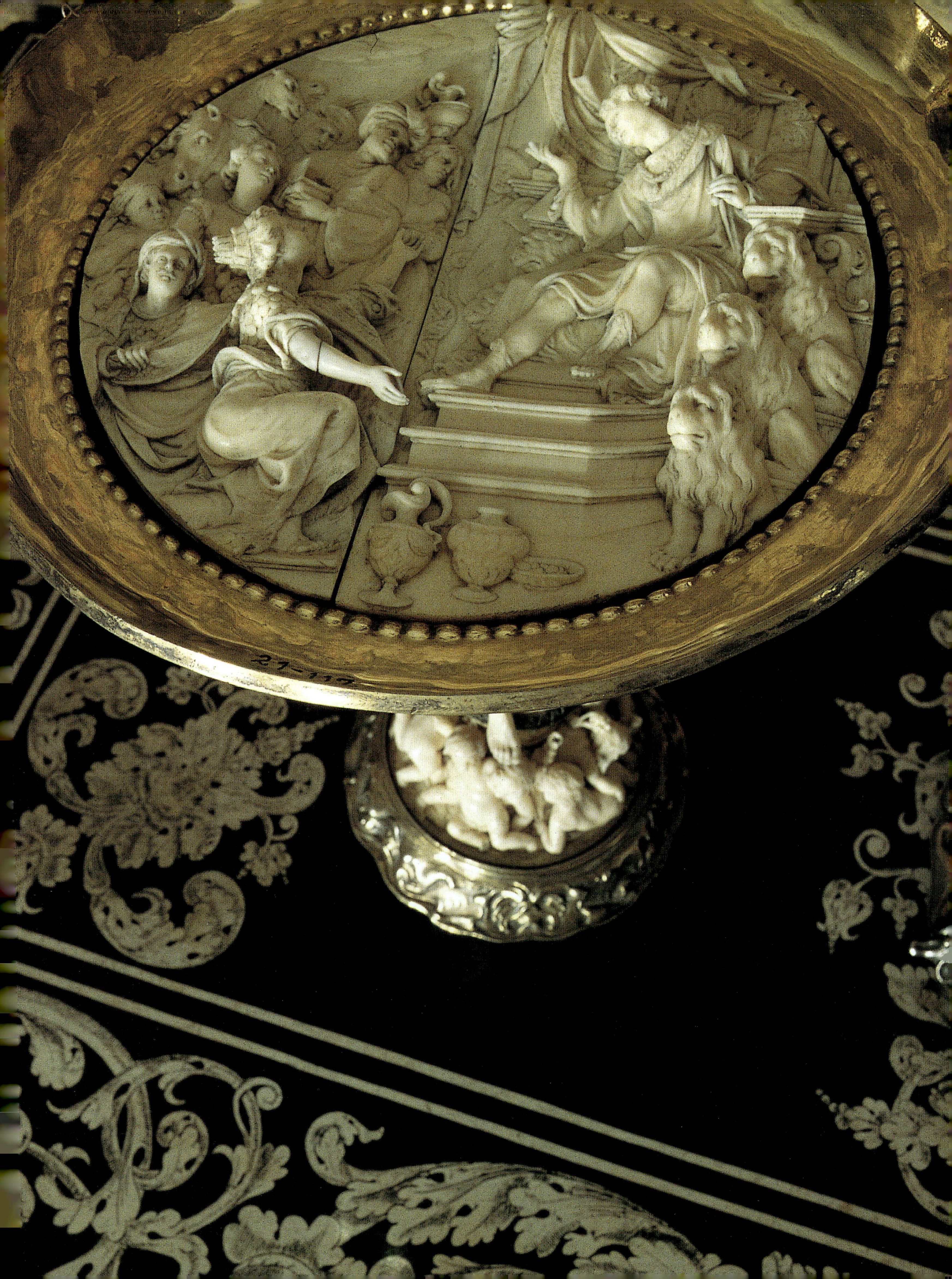

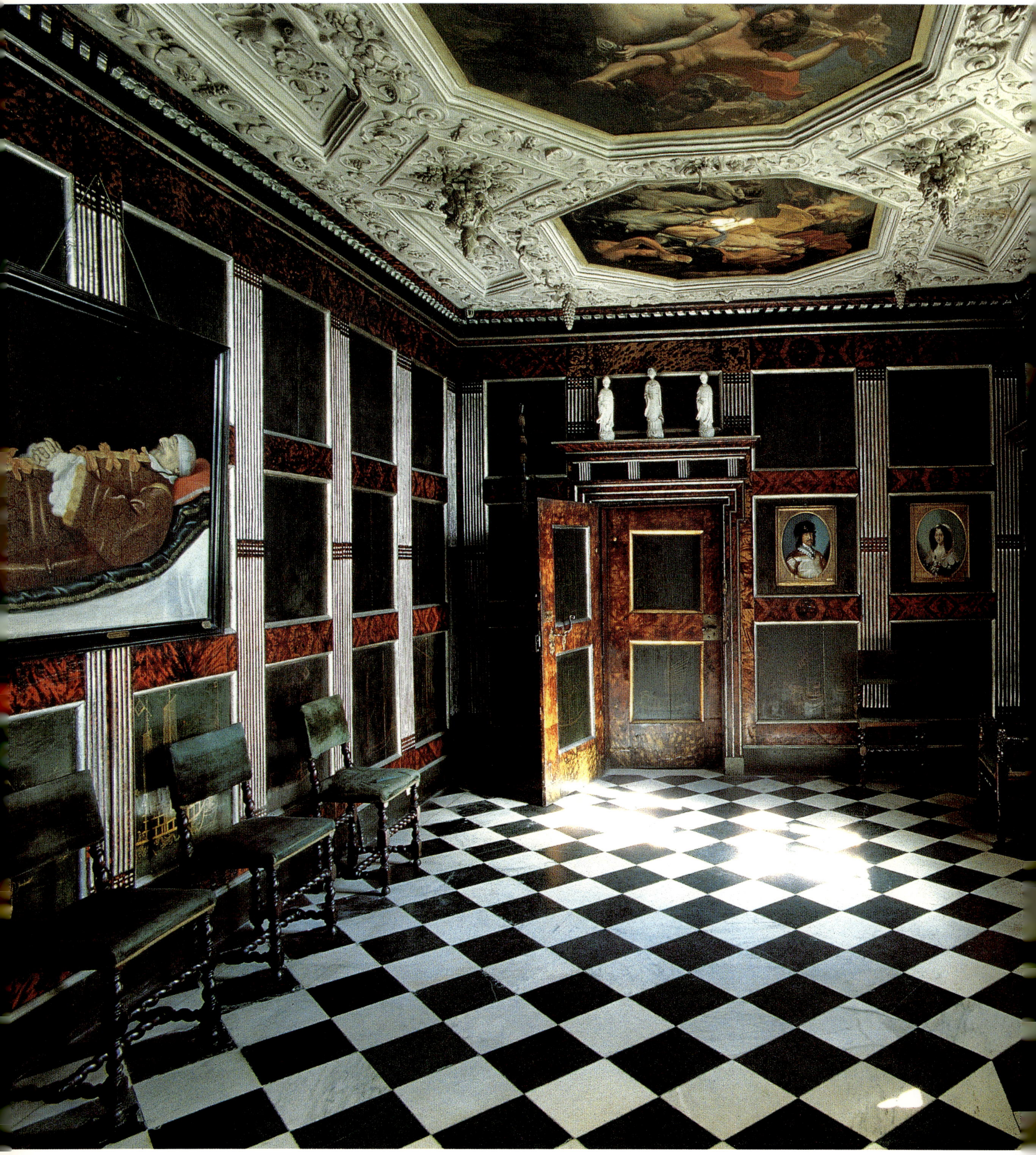

fürs Tüfteln und Basteln. Sie hatte sich einen »steigenden Stuhl« als Verbindung zwischen zwei Stockwerken ihrer Gemächer bauen lassen. Dieser Vorfahr unseres Fahrstuhls wurde von einem Mann bedient. Als ihm eines Tages die Seile, an denen der Stuhl befestigt war, entglitten und das Gefährt abzustürzen drohte, wurde ihm bei dem Versuch, das zu verhindern, die Hand zerquetscht.

Zu Beginn des 17. Jahrhunderts lag die alte königliche Residenz fünfzig Kilometer außerhalb von Kopenhagen. Dem jungen Monarchen Christian gefielen weder die Lage noch das Bauwerk selbst. Er kaufte ein großes Stück Land östlich der Stadt, ließ einen Park anlegen und zunächst ein Lustschlösschen, dann einen Palast bauen. Das neue Schloss, mit dessen Bau zwischen 1613 und 1615 begonnen wurde, war doppelt so groß wie das alte. Nach seiner Fertigstellung 1624 erhielt es den Namen Rosenborg, nach den drei Rosen im Wappen der Königin Kirsten Munk. Der dreistöckige Backsteinbau mit den Sandsteinornamenten war typisch für die dänische Architektur des 17. Jahrhunderts. Ein großer Turm auf der einen Seite, drei kleinere auf der anderen sowie stattliche Burggräben machten jedoch deutlich, dass es sich nicht um ein schlichtes Herrenhaus handelte. Zwischen dem 17. und dem 18. Jahrhundert wurde das Schloss von vier Generationen noch prunkvoller gestaltet und weiter reich ausgeschmückt. Rosenborg blieb bis zu Beginn des 19. Jahrhunderts königliche Residenz. Auch heute, da es als Museum der Öffentlichkeit zugänglich ist, trägt es unverkennbar die Handschrift seines Erbauers Christian IV. Der Wintersalon, der Audienzsaal und das Arbeitszimmer sind in ihrem ursprünglichen Zustand erhalten geblieben. Der Wintersalon mit seinen 96 in die Eichenholztäfelung eingelegten Gemälden ist ein einzigartiges Zeugnis flämischer Malerei. Die Decke mit der Darstellung eines von Pieter Isaacz um 1620 gemalten Kampfes zwischen Göttern und Riesen wurde 1705 eingezogen.

Im Arbeitszimmer können weitere Meisterwerke bewundert werden, zum Beispiel das Deckengemälde, das vermutlich von Francis Cleyn stammt und Szenen aus Ariostos Epos *Orlando furioso* darstellt. Cleyn ging später nach England, wo er für Christians Schwester Anne, der Gemahlin König Jakobs I., tätig war.

Der Marmorsalon erhielt um 1670 unter Friedrich III. eine prunkvolle Neuausstattung im Barockstil. Das Schachbrettmuster des Fußbodens besteht aus Quadraten verschiedener

Das im chinesischen Stil neu dekorierte Schlafzimmer Christians IV. (links). *Blick in die mit holländischen Tapisserien und venezianischem Mobiliar ausgestatteten Gemächer* (folgende Doppelseite). *Die Eckschränke enthalten Toilettenartikel aus Silber und Vermeil.*

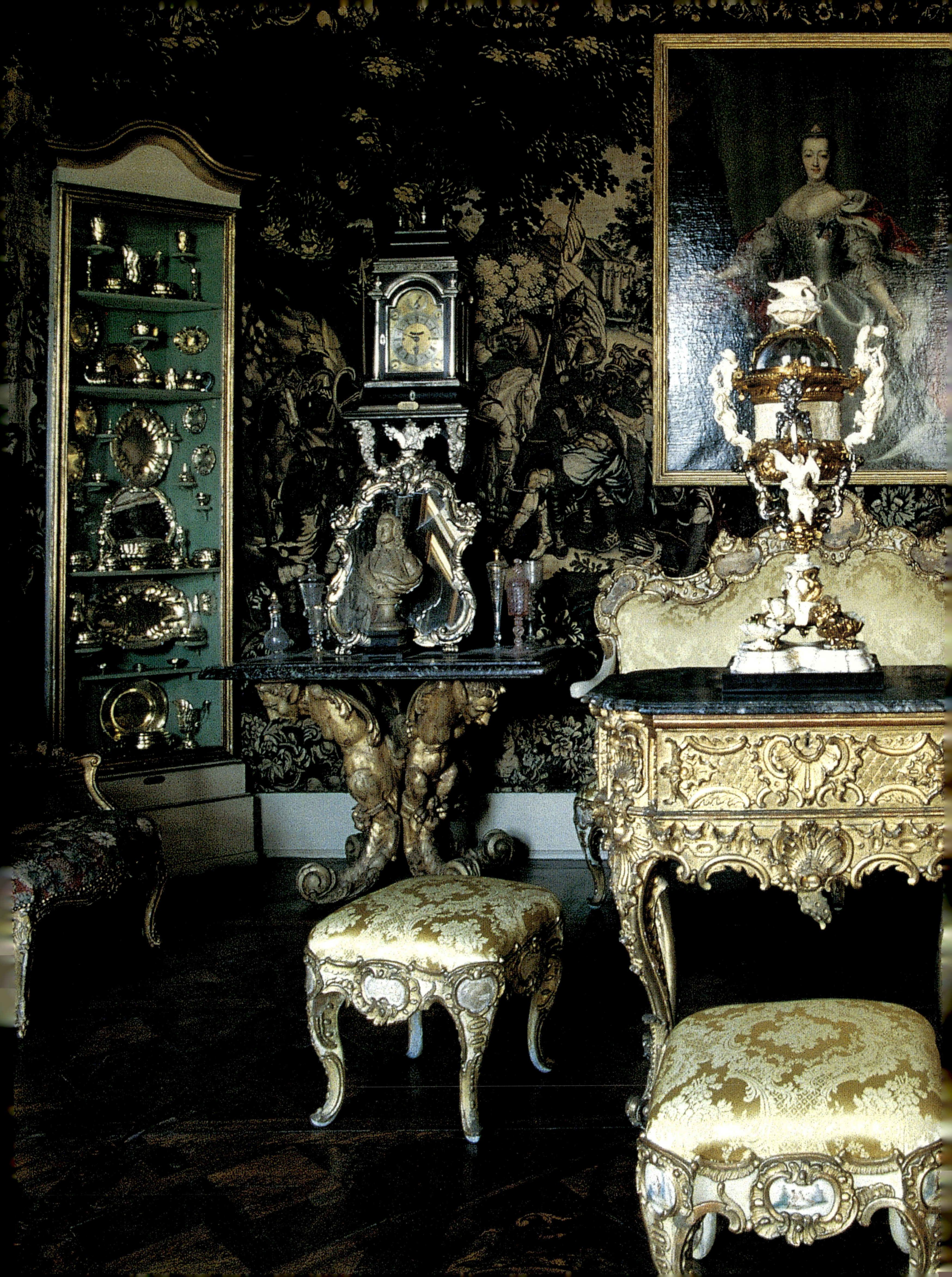

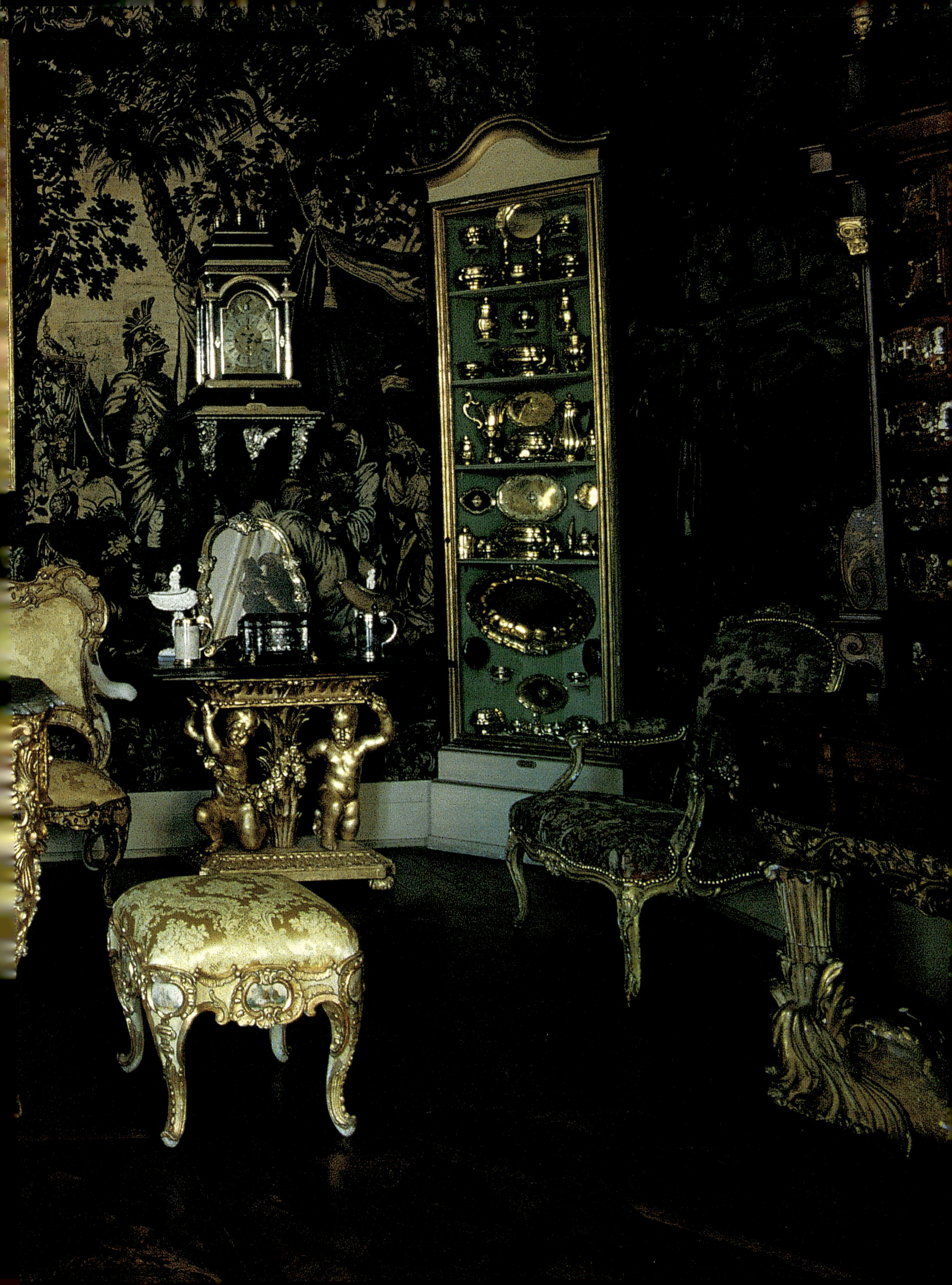

Der um 1770 hergestellte Vogelkäfig soll Hans Christian Andersen zu Die Nachtigall *inspiriert haben* (oben). *Der Saal Friedrich IV., dessen Wände mit Gobelin-Tapisserien bespannt waren* (oben rechts). *Die mit Schildpatt und Elfenbein inkrustierte Gitarre trägt die Initialen der Schwester Friedrichs IV., Prinzessin Sophie Hedevig.*

Farben und Größen. Die Wände wurden mit Marmorimitat verkleidet, und die reichen Skulpturen an der Stuckdecke schuf der Italiener Francesco Bruno.

Nach dem Tod Christians IV. ließ die neue Königin Sophie Amalie dessen Sterbezimmer im chinesischen Stil, der sich in den 1660er Jahren großer Beliebtheit erfreute, umgestalten. Holztäfelungen und Türen sind im Schildpattdekor bemalt und mit Füllungen versehen worden, auf denen Landschaften, Schiffe und Interieurs in Goldfiligran auf grün lackiertem Untergrund zu sehen sind. Das gelackte Arbeitszimmer wurde noch aufwändiger mit Chinoiserien, die mit Türkisen und Perlmutt inkrustiert waren, geschmückt. Der ungewöhnliche schwarze Hintergrund sollte vielleicht das Bild eines mit Samt ausgeschlagenen Schmuckkästchens heraufbeschwören, dessen kostbarste Preziose die Königin war.

Anfang des 18. Jahrhunderts ließ sich Friedrich IV. ein neues Sommerpalais errichten und verwirklichte auch zwei Aufsehen erregende Projekte: das Spiegelkabinett und das Kristallkabinett. Ersteres ist eine verkleinerte Ausgabe der Versailler Spiegelgalerie. Wände, Decke und sogar der Marketeriefußboden sind in der Mitte verspiegelt. Um, wie es in einem Lied von Alain Souchon heißt, den Mädchen unter die Röcke schauen zu können? Denkbar wäre es: Im angrenzenden Schlafzimmer bewahrte Friedrich seine Sammlung erotischer Objekte auf. Das Kristallkabinett beherbergte an die tausend kunstvolle Glasgegenstände, von denen einige hundert Geschenke aus Venedig waren, das er 1709 besucht hatte.

Als das Schloss zu klein wurde, ließ Friedrich IV. andere Paläste bauen, und aus Rosenborg wurde, was es bis heute geblieben ist: ein Museum zur Aufbewahrung der Prunkharnische, der Kronjuwelen, des Silbergeschirrs und anderer Kostbarkeiten.

Die königliche Familie residierte nur noch zweimal in Rosenborg: 1794, als Schloss Christiansborg niedergebrannt war, und 1801, während der Belagerung Kopenhagens durch die Engländer, als Admiral Nelson den dänischen König um seinen Schlaf brachte.

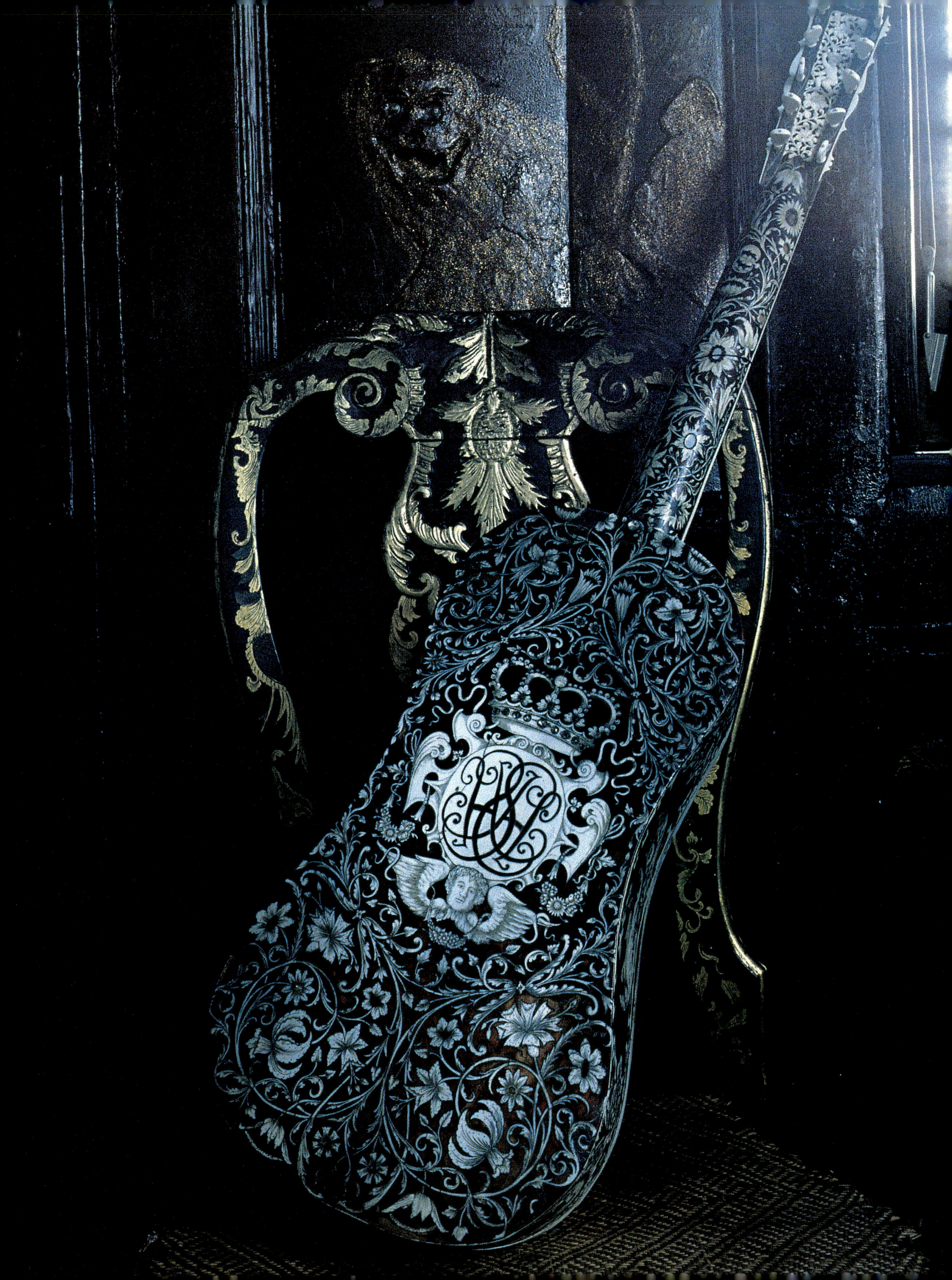

TOBIAS MOSS

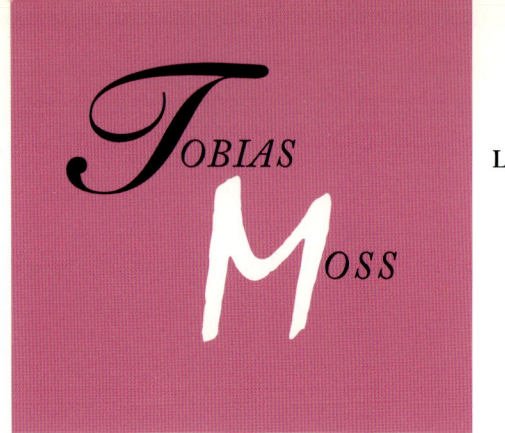

LEBENSTRAUM EINES LONDONER TAXIFAHRERS

Ein Taxi namens Sehnsucht

Liebespaaren sei geraten, Tobias anzurufen: Seine Taxis, verspricht er, führen auf direktem Weg ins Nirwana. Dreißig Jahre ist es her, da fuhr Tobias – es war die Zeit der *Peace-and-Love*-Bewegung – wie so viele andere nach Indien, genauer gesagt, nach Goa. Er war damals hingerissen und ist es heute noch. Deshalb fährt er jedes Jahr wieder hin und gönnt sich eine dreimonatige Auszeit.

Tobias, stets in Tunika, Kaftan und Seidenschals gewandet, sieht die Welt durch seine getönte Brille in rosigem Licht. Tom Conran, dem ein bekanntes Feinkostgeschäft in Notting Hill gehört, und Momo, der früher Miteigentümer des Smaïn in Paris war und für dessen nordafrikanische Küche die Londoner Schickeria heute Schlange steht, waren von Tobias Moss' lebensbejahender Einstellung so begeistert, dass sie seine Teilhaber geworden sind. Dank ihrer finanziellen Unterstützung konnte sich Tobias seinen Traum erfüllen: Er gründete ein Taxiunternehmen, Karma Kabs, das mit seinen drei Fahrzeugen zwar nicht gerade von weltwirtschaftlicher Bedeutung ist, sich aber längst seinen Kundenkreis erobert hat.

Fotografen, Rockstars, Werbedesigner, Leute aus der Modebranche und Prominente reißen sich um die ehrwürdigen Autos der Marke Austin Ambassador. Das für indische Holperstrecken prädestinierte Modell eignet sich nicht unbedingt für Verfolgungsjagden, doch die Fahrgäste legen auch keinen Wert darauf, Geschwindigkeitsrekorde aufzustellen. Sie halten es mit der Zen-Weisheit, die Tobias Moss gern zitiert: »Der Weg ist das Ziel.«

Der Wagen kann für eine einzige Fahrt, für eine Stunde oder auch für einen Tag gemietet werden. Der Fahrgast hat die Wahl zwischen dem mit weißen Teppichen und weißem Blumenschmuck dekorierten Modell *Honeymoon*, dem Modell *Safari*, das mit Samt im Leopardendruck ausstaffiert ist, und dem Modell *Flower Power*, dessen Ausstattung in aufeinander abgestimmten Lila- und Fuchsiatönen die Schnulzenautorin Barbara Cartland

Eins der drei Taxis von Karma Kabs wurde von dem

Mosaizisten Pierre Mesguich ausgestattet, der sich auf Wunsch

von Tobias Moss an indischen Palästen orientierte.

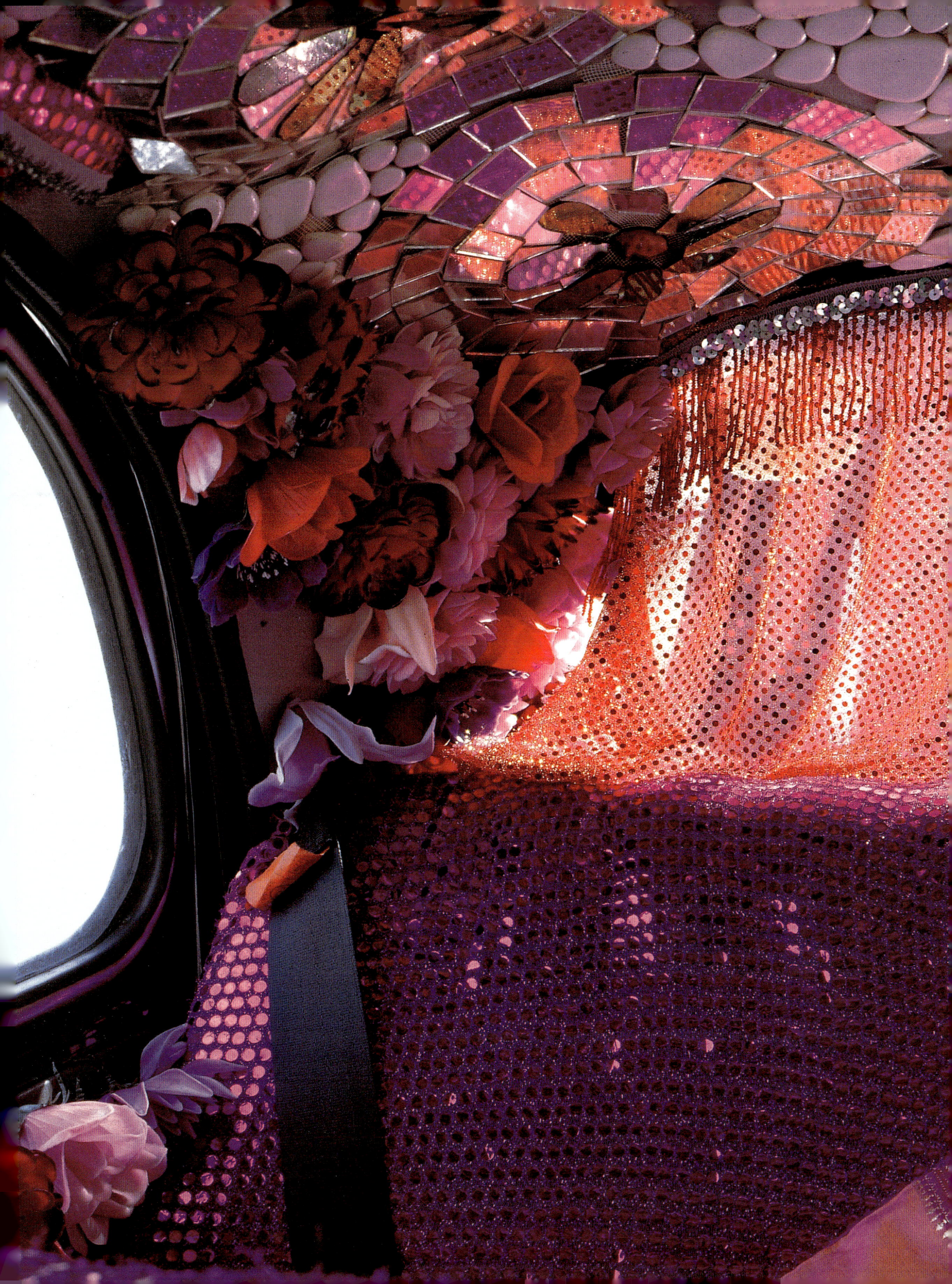

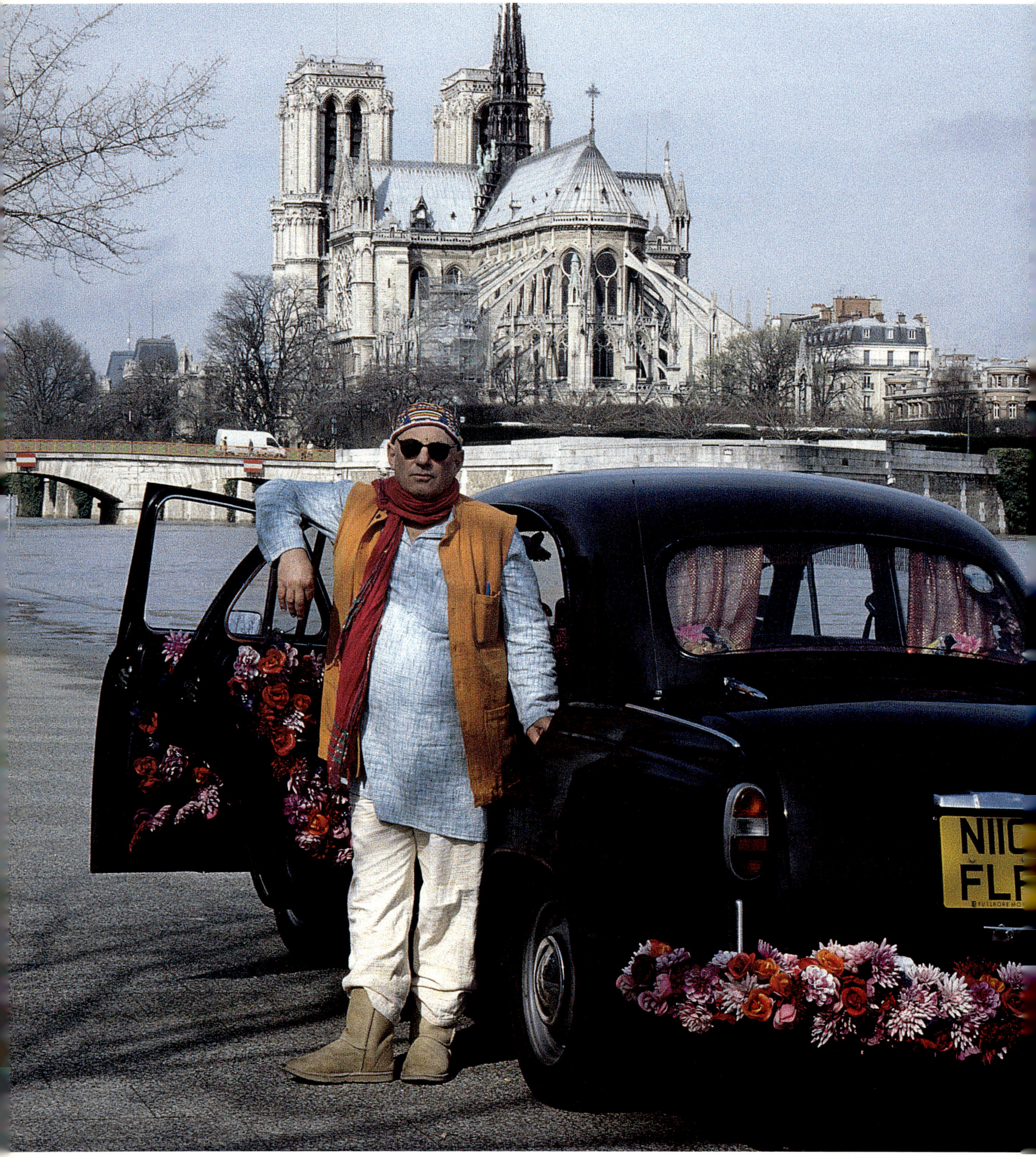

begeistert hätte. Entworfen wurde dieses Interieur, das an den Palast von Amber, der Perle Rajasthans, erinnert, von Pierre Mesguich. Die Kreation, eine Kombination von Mosaiken, Spiegeln und japanischen Steinen, alles unsichtbar auf Tüll befestigt, ist eines Haute-Couture-Modells würdig. Warum gibt sich jemand, dessen Zeit ohnehin knapp bemessen ist und der normalerweise monumentale Wandgemälde oder fürstliche Swimmingpools gestaltet, mit den Kitschfantasien eines Tobias Moss ab? »Aus Freundschaft und zum Spaß«, antwortet Mesguich. Vielleicht fungiert er auch als Vorbild. Tobias, Hippie im Ruhestand, hat seinem Karma jedenfalls Erstaunliches zu verdanken: Sein Ruf hat den Ärmelkanal inzwischen überquert und jetzt wartet Kundschaft auch auf dem Kontinent auf ihn. Mehrmals im Jahr, dann nämlich, wenn die Kollektionen vorgestellt werden, chauffiert er die Topmodels bei ihrem anstrengenden Job, der sie in Paris vom Ritz zum Carrousel du Louvre, vom Plazza zum Trocadéro führt. Ermutigt von den Plastikfiguren auf seinem Armaturenbrett, spielt er gedämpfte religiöse Musik und brennt nach Sandelholz oder Patschuli duftende Räucherstäbchen ab, wenn die Mannequins in die sinnlichen Polster sinken. Tobias weiß, was gut ist gegen schmerzende Füße und melancholische Herzen.

Wenn die Kollektionen der Haute Couture und des Prêt-à-porter in Paris vorgestellt werden, ist auch Tobias Moss an der Seine zur Stelle: Fotografen und Topmodels lieben sein blumengeschmücktes Taxi.

ALBERTO PINTO

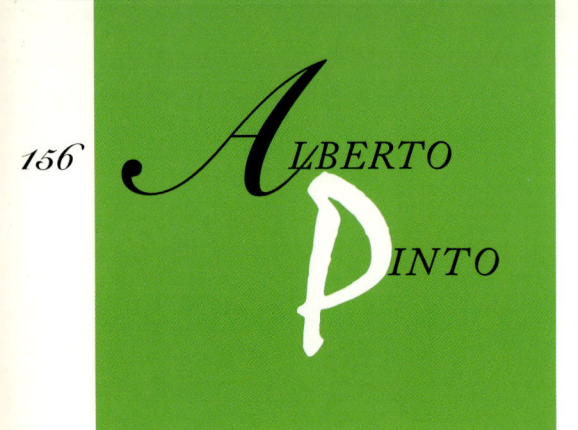

EIN OPULENTES WEIHNACHTSFEST IN PARIS

Einladung zum Fest

Sein Leben steht im Zeichen der Maßlosigkeit. Alberto Pinto kann die Braut niemals zu schön, das Haus niemals zu groß, das Mobiliar niemals zu erlesen sein – und die Kundschaft niemals zu reich. Der Lieblingsdekorateur des Jetset und der arabischen Fürsten, der Geschäftsleute und der Staatschefs auf der ganzen Welt hat seine mit fünfzig Mitarbeitern besetzten Büroräume in einer Villa aus dem 17. Jahrhundert in der Pariser Rue d'Aboukir untergebracht. Den Meister selbst wird man dort kaum antreffen: Er ist ständig unterwegs, fliegt von Marrakesch nach New York, von London nach Montevideo, von Riad nach Madrid, von einer pharaonischen Baustelle zur nächsten. So findet er auch nur selten Zeit, seine Luxuswohnungen zu genießen. In seinem Appartement am Quai d'Orsay, in dem lange Roger Vivier gewohnt hat, fand eines der letzten Feste vor der Jahrtausendwende statt. Wenig später wurden alle darin enthaltenen Meisterwerke von Sotheby's versteigert.

»Alles wird langweilig, nur die Veränderung nicht«, behauptet Alberto Pinto, der 15 Jahre zuvor aus der Villa des Schriftstellers Paul Morand am Fuße des Eiffelturms ausgezogen war. Dieses Mal beabsichtigte er allerdings nicht, die Adresse, sondern nur die Innendekoration zu wechseln: Statt des 19. Jahrhunderts, das in diesem in den 1930er Jahren erbauten Haus auf achthundert Quadratmetern dominierte, könnte man sich gut ein Art-déco-Interieur vorstellen. Pinto hatte sich sein eigenes 19. Jahrhundert geschaffen: eine prachtvolle Mischung aus russischen, italienischen und englischen Möbeln neben deutschem Barock und Napoléon III. Das Ganze kombiniert mit einer verschwenderischen Fülle von Objekten aus Bronze, Silber und Bergkristall, von chinesischem Porzellan und böhmischen Kristallwaren.

Die Lust an der Üppigkeit, an Farben, am Mischen unterschiedlicher Stilrichtungen und an der übermäßigen Prachtentfaltung, ist das Markenzeichen des Dekorateurs, entspricht aber auch seiner innersten Überzeugung. Alberto Pinto hat an der École du Louvre studiert,

Der Salon erinnert an die russischen Interieurs Anfang des 19. Jahrhunderts. Der Tisch stammt aus Österreich, darüber ein russischer Kronleuchter. Die zehn Gouachen mit pompejischen Motiven ähneln den Nachtstücken des Malers Georges de La Tour.

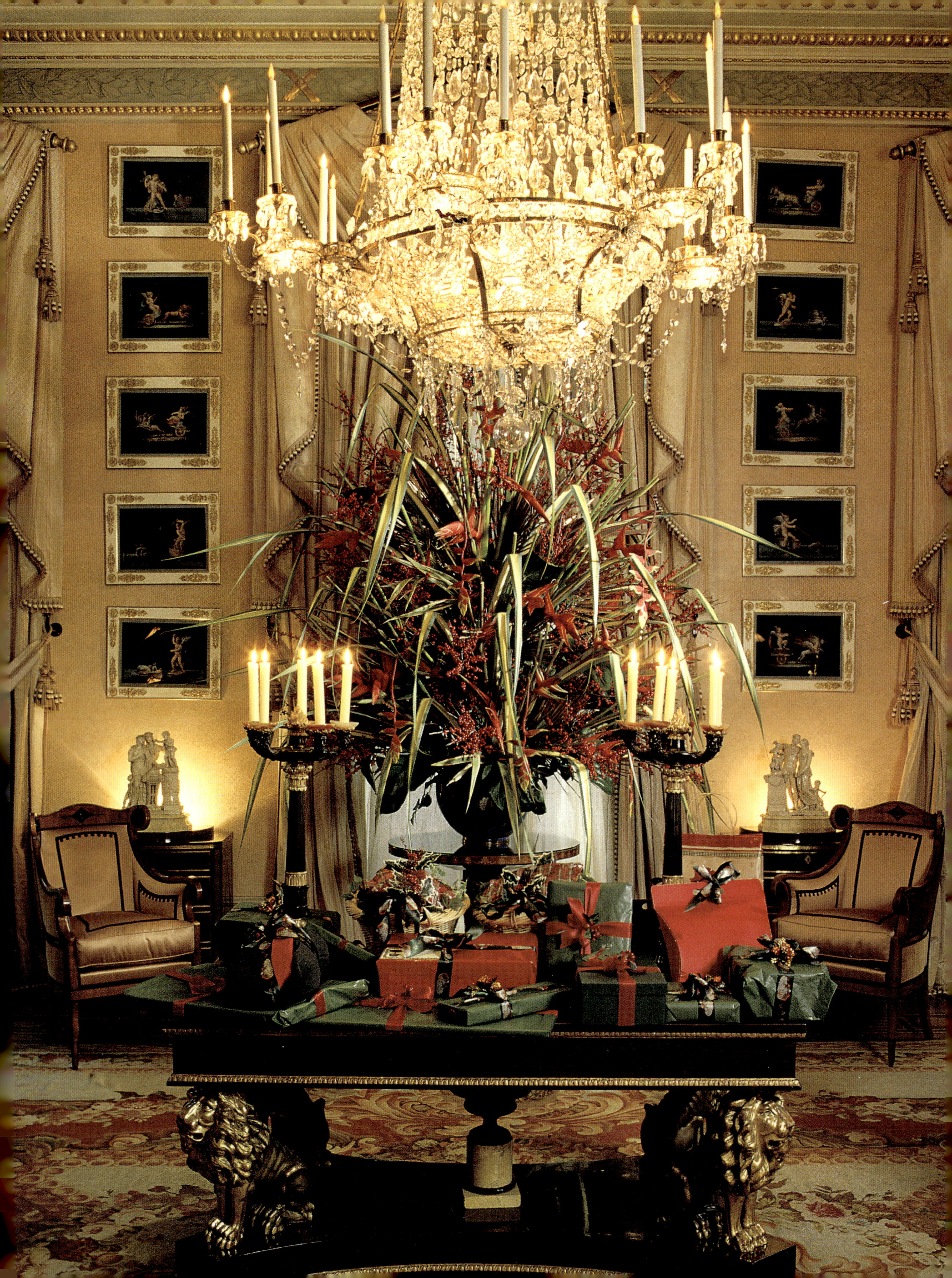

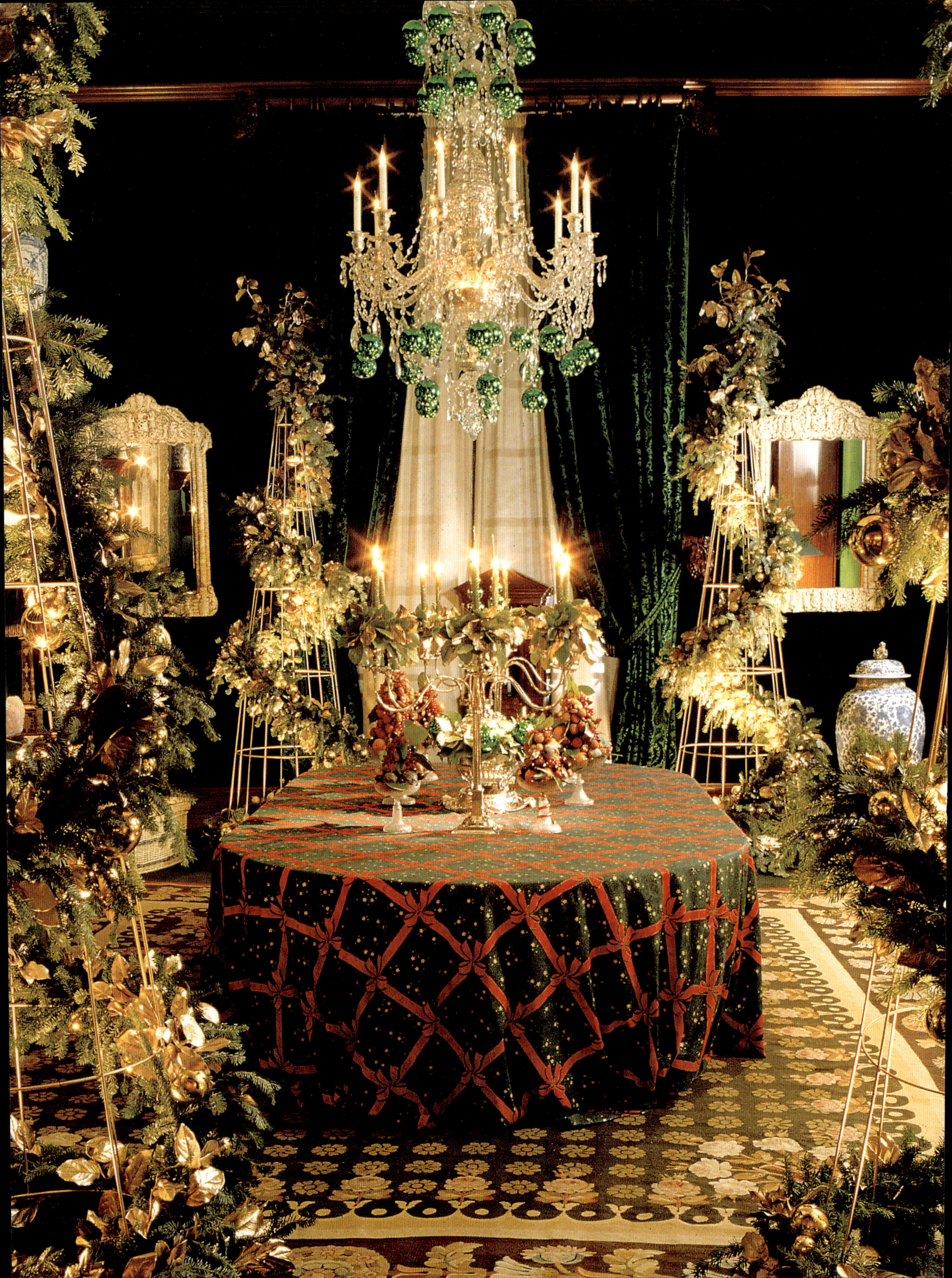

die Pariser École des Beaux-Arts besucht und seine ersten Gehversuche in diesem Metier in New York unternommen. Dennoch ist der mediterrane Einfluss, geprägt von einer sorglosen Kindheit in einem wohlhabenden Elternhaus in Marokko, unverkennbar. »Anregungen hole ich mir aus den Souks, von indischen oder mexikanischen Märkten und nicht aus Büchern oder in Museen wie viele meiner Kollegen«, sagt er.

Ob die Appartements, die er jüngst im Élysée eingerichtet hat, von diesen sonnenbeschienenen Inspirationen profitiert haben, wissen wir nicht. Alberto Pinto räumt lediglich ein, dass die Chiracs alte Freunde sind, genau wie Yves Saint Laurent, Jean-Luc Lagardère oder Lauren Bacall. Pinto hat viele Freunde und er hat alles, was man braucht, um sie in prunkvollem Rahmen zu empfangen. Seine zwölf antiken Services von der Ostindischen Kompanie, aus Sèvres-Porzellan, von Gien, Creil und Tiffany sind jeweils für sechzig Personen. Die Platzteller aus Vermeil tragen das Wappen der Adelsfamilie Orlow, die Fülle von Silberbestecken und die Gläser aus Murano oder Bakkarat-Kristall erlauben eine immer wieder neue Gestaltung der festlichen Tafel.

Da Pinto die Abwechslung liebt, hält es ihn nie lange in seinem – natürlich – prächtigen Haus auf Korsika. Er beschäftigt sich lieber mit der Inneneinrichtung einer argentinischen Estanzia oder einer Luxuswohnung an der New Yorker Fifth Avenue, mit der Gestaltung einer Jacht oder eines Privatjets, von denen er bis heute sieben ausgestattet hat. Übrigens nach dem gleichen Prinzip wie alle seine anderen Projekte: Die Übergabe erfolgt schlüsselfertig, Familienporträts und Teelöffel inbegriffen.

Die Wände des Speisezimmers sind mit smaragdgrünem Samt bespannt (S. 158). *Das Mobiliar ist russisch, der Kristallleuchter hingegen stammt aus Irland. Besonderer Blickfang ist eine einzigartige Sammlung von chinesischen Porzellangegenständen* (oben).

Sehenswert

Pierre Loti (siehe Seiten 10–17):

Musée Pierre Loti

141, rue Pierre Loti

17300 Saint-Pierre-d'Oléron/Frankreich

Tel. (00 33) 5/46 47 39 88

Fornasetti (s. S. 42–45):

Die Kollektionen des genialen Mailänders können besichtigt werden (und sind auch dort zu beziehen) bei

MT Diffusion

4, rue du Mail

75002 Paris/Frankreich

Tel. (00 33) 1/40 41 97 44.

Vanessa Bell (s. S. 84–89):

Charleston Farm House, Lewes

East Sussex BN8 6LL/England

Informationen unter Tel. (00 44) 13 23/81 16 26 oder im Internet unter www.charleston.org.uk.

Rosenborg (s. S. 144–151):

Schloss Rosenborg

Øster Voldgade 4A

1350 Kopenhagen K/Dänemark

Tel. (00 45) 33 15 32 86

Danksagung

Autoren und Verleger möchten allen Dekorateuren und Wohnungseigentümern, die wir in diesem Buch vorgestellt haben, herzlich danken.

Ihr Dank gilt auch jenen, die den Fotografen bei seinen Reportagen begleitet haben: Alexandra d'Arnoux (André Dubreuil), Jean-Pascal Billaud (Marco de Gueltzl, Minas), Marie-France Boyer (Mark Brazier-Jones, Tom Dixon, Janine Janet, Paul Jones), Dominique Dupuich (Vanessa Bell, Fornasetti, die Lalannes, Jean Oddes, Pierre und Gilles, Ravages), César Garçon (Deyan Sudjic), François Jonquet (Gilbert & George), Lisa Lovatt-Smith (Andrew Logan, Manolo Núñez, Pierre & Gilles, Dennis Severs).

Roland Beaufre bedankt sich insbesondere bei der Agentur Top, die ihn seit über zwanzig Jahren betreut, Christine Germain und Alexandra d'Arnoux.

Die Verlegerin dankt Quentin Deslandres und Albine Harent für ihre Mitarbeit bei der Verwirklichung dieses Bandes.

BILDNACHWEIS

S. 1: Im Haus von Alvis Vega ein etwas makaber gestaltetes Entrée.

S. 2–3: Das Badezimmer von Alvis Vega mit antikem Flair. Der Sessel rechts im Bild ist eine eigene Kreation.

S. 4: Im Loft von Jean Oddes steht vor dem täuschend echten Kamin ein Sessel aus dem 19. Jahrhundert.

IMPRESSUM

Die Deutsche Bibliothek – CIP-Einheitsaufnahme

Ein Titeldatensatz für diese Publikation ist bei Der Deutschen Bibliothek erhältlich

Aus dem Französischen übersetzt von Sylvia Strasser

Die Originalausgabe erschien 2001 unter dem Titel
Extravagances. L'art de vivre autrement bei Flammarion, Paris.
Text von Claude Berthod
Fotos von Roland Beaufre
Copyright © 2001 Flammarion, Paris
Alle Rechte vorbehalten
Konzeption: Ghislaine Bavoillot
Gestaltung: Karen Bowen

Deutsche Ausgabe Copyright © 2002 Gerstenberg Verlag, Hildesheim
Alle deutschen Rechte vorbehalten
Satz: Fotosatz Ressemann, Hochstadt
Druck: Canale, Turin
Printed in Italy
ISBN 3-8067-2906-9